Tanja Graf/Erwin Graf

Das Immunsystem

Lernen an Stationen im Biologieunterricht

Mit Kopiervorlagen

Auer Verlag

Gedruckt auf umweltbewusst gefertigtem, chlorfrei gebleichtem
und alterungsbeständigem Papier.

2. Auflage 2011
Nach den seit 2006 amtlich gültigen Regelungen der Rechtschreibung

Illustrationen: Andrea Martens, Lörrach
Satz: fotosatz griesheim GmbH
Druck und Bindung: Aubele Druck GmbH, Bobingen
ISBN 978-3-403-**06635**-4

www.auer-verlag.de

Inhalt

Hinweise für die Lehrkraft: Unterrichtsziele – Schwerpunkte

„Virus ist ein lateinisches Wort, welches Ärzte verwenden, wenn sie sagen wollen: 'Ich weiß es auch nicht'."

Bob Hope (1903–2003; Komiker, Schauspieler und Entertainer)

Sachinformationen

Sekunde um Sekunde treffen zahlreiche Krankheitserreger – insbesondere Bakterien, Viren und Pilze – auf unseren Organismus. Trotzdem erkranken wir nur relativ selten, obgleich die Anzahl der Bakterien allein auf unserer Haut viele Milliarden beträgt. Auch im Mund, im Rachen und im Darm findet man zahllose Bakterien, die beim Menschen schwere Krankheiten verursachen können. Doch nicht alle Bakterien bedrohen unsere Gesundheit. Viele sind sogar sehr nützlich. Unser Organismus verfügt glücklicherweise über ein komplexes, erst in Ansätzen wissenschaftlich erforschtes, ineinandergreifendes unspezifisches und spezifisches **Schutz- und Abwehrsystem** gegen potenzielle Krankheitserreger. Unsere Haut – mit etwa 2 m² Oberfläche unser größtes Sinnes- und Schutzorgan – und die Schleimhäute (z. B. von Mund, Nase, Magen-Darm-Trakt etc.) sind wichtige Barrieren und hindern viele Fremdkörper bzw. Krankheitserreger am Eindringen in den Körper.

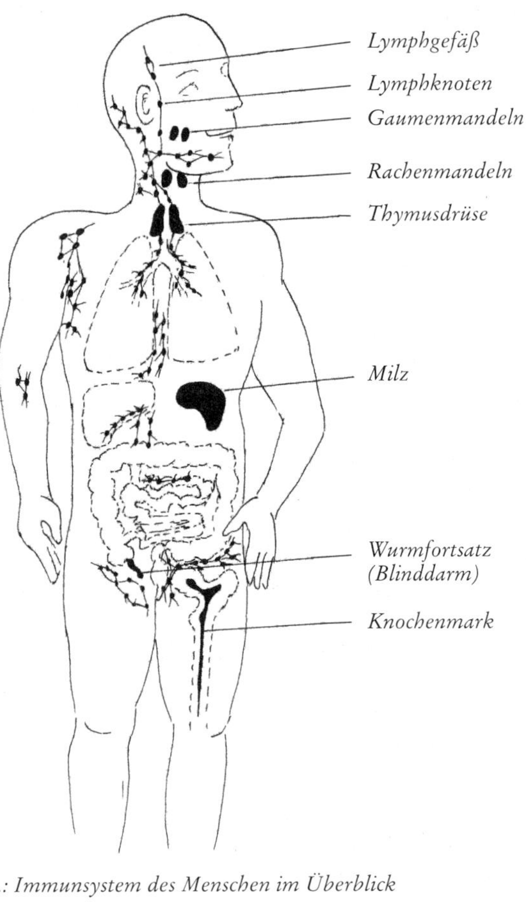

Abb.: Immunsystem des Menschen im Überblick

Für die **Resistenz (unspezifische Abwehr)** sei beispielsweise das Enzym *Lysozym* genannt, das im Speichel, in der Tränenflüssigkeit und im Nasensekret enthalten ist und die Zellwände der eindringenden Bakterien zerstört. Das „Lecken von Wunden" – etwa bei Katzen und Hunden – hat also

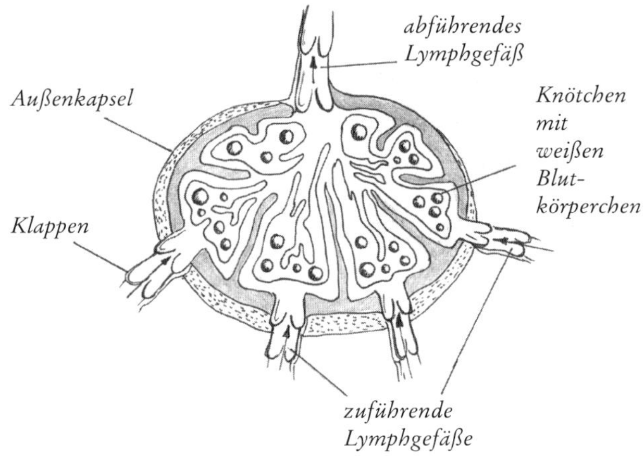

Abb.: Bau eines Lymphknotens (Schema)

durchaus seine biologische Bedeutung. Die im Körperinneren vorhandenen *Interferone* sind Proteine, die von Zellen, welche von Viren befallen wurden, gebildet werden. Sie regen die spezifische Synthese von gegen Viren gerichteten Proteinen an, wirken aber auf das Immunsystem auch insgesamt stimulierend ein. Im Blutserum befinden sich bestimmte Proteine (inkl. Enzyme und deren Vorstufen), die – in Ergänzung zur körperlichen Immunreaktion – als *Komplementsystem* in bislang weitgehend noch unbekannter Weise kooperieren und beispielsweise Membranen von Krankheitserregern zerstören, Proteine der Krankheitserreger hydrolysieren und die Phagozytose durch die Makrophagen fördern. Aber auch die Salzsäure im Magen („Magensäure"), die Schleimhäute sowie die Haut inkl. der darauf befindlichen Mikroflora leisten einen kaum zu überschätzenden Beitrag zum Schutz vor Krankheitserregern.

Zur unspezifischen Abwehr gehören auch die amöboid beweglichen *Granulozyten* (bestimmte Leukozyten oder weiße Blutzellen), die in den Körper eingedrungene Fremdkörper phagozytieren („umfließend auffressen") und anschließend intrazellulär abbauen. Die Makrophagen, d. h. bestimmte Leukozyten, befinden sich vor allem in Lymphknoten, Milz, Lunge sowie den Nieren. Nicht oder nicht vollständig abgebaute Krankheitserreger werden in den Darm abgegeben oder als *Eiter* über die Haut aus dem Körper entfernt.
Die *Phagocytose* durch die Makrophagen, die durch das Komplementsystem in komplexer Weise mitreguliert wird, hat auch großen Einfluss auf die spezifische Immunreaktion, d. h. unspezifische und spezifische Abwehr sind in einem komplexen System durchaus eng miteinander verflochten.

Immunität („Immunreaktion") – spezifische Abwehr: Die Immunreaktion ist – im Gegensatz zur Resistenz – eine spezifische Abwehrreaktion des Organismus gegen bestimmte Bakterien, Viren und andere „Fremdkörper" (wie zum Beispiel Pollen und Tierschuppen). Bei dieser Reaktion werden von bestimmten Zellen – insbesondere in den Lymphknoten – spezifische *Antikörper* (spezielle Proteine) gegen die *Antigene* gebildet. Als Antigene können beispielsweise (Oligo- und Poly-) Peptide und Proteine (Eiweißstoffe), Polysaccharide (z. B. Cellulose) und Polynukleotide (z. B. DNA, RNA) in Frage kommen.

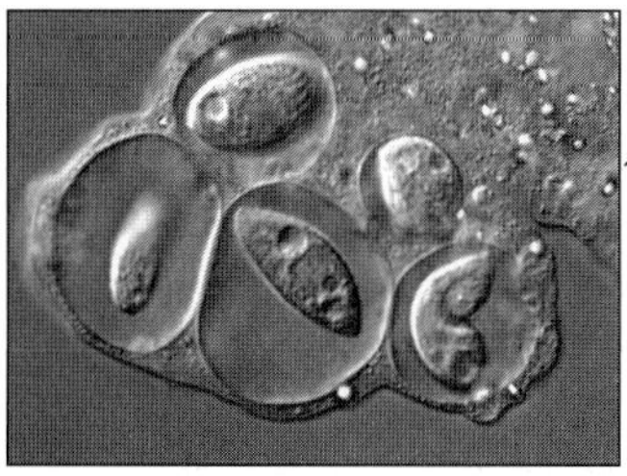

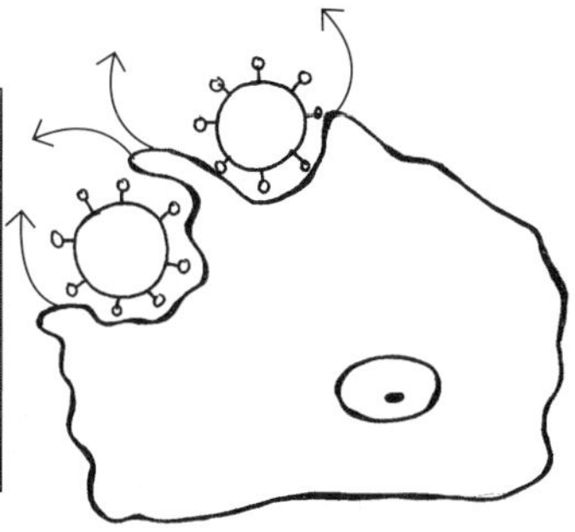

Abb.: Phagozytose eines Fremdkörpers durch Makrophagen
a) Foto *b) Schema*

Die von bestimmten Leukozyten, den Lymphozyten, gebildeten Antikörper werden jedoch nicht gegen ein ganzes Antigenmolekül (das beispielsweise auf der Oberfläche eines Bakteriums, Virus oder Pilzes sitzt) gebildet, sondern nur gegen bestimmte Strukturen bzw. Sequenzen von Molekülen – sog. *Epitope* –, die auf der Moleküloberfläche der Fremdkörper liegen. Die Antigen-Antikörper-Reaktion, d. h. die Reaktion bestimmter Strukturen der Antikörper mit den Epitopen, läuft nach dem **Schlüssel-Schloss-Prinzip** ab. Ein durchschnittlicher Jugendlicher im Alter von ca. 15 Jahren und einem Gewicht von ca. 50 kg besitzt nach derzeitigem wissenschaftlichen Kenntnisstand etwa 10^{12} Lymphozyten mit einem Gewicht von fast 1 kg. Die Anzahl der Antikörpermoleküle bei einem 15-jährigen Jugendlichen dürfte bei 10^{20} und einem Gewicht von ca. 1 kg liegen.

Die Resistenz, d. h. die unspezifische Abwehr, findet man auch bei vielen Wirbellosen (Evertebraten). Die Fähigkeit zur Antikörperbildung dagegen ist eine recht späte evolutionäre Errungenschaft und ist bislang nur bei Vertebraten (Wirbeltieren) festgestellt worden. Sowohl die unspezifische als auch die spezifische Abwehr geben der Wissenschaft bis heute viele ungelöste Rätsel auf – auch was die Entstehung von Allergien angeht.

Als Meilensteine für ein besseres Verständnis der Abwehr von Krankheitserregern sind folgende Wissenschaftler und deren Erkenntnisse zu nennen: Edward Jenner (1749–1823; begründete die aktive Schutzimpfung; führte die Pockenschutzimpfung ein), Louis Pasteur (1822–1895; erkannte als Erster bestimmte Bakterienarten als Krankheitserreger und wies nach, dass Bakterien durch Erhitzen unschädlich werden; führte erste Schutzimpfungen gegen Milzbrand und Tollwut durch), Robert Koch (1843–1910; identifizierte und beschrieb zahlreiche Bakterien als Krankheitserreger), Emil Adolph von Behring (1854–1917; Begründer der passiven Immunisierung), Alexander Fleming (1881–1955; Entdecker des Penicillins und seiner bakteriziden Wirkung), Felix Hoffman (1868–1946; Schweizer Chemiker; synthetisierte als Erster Acetylsalicylsäure [ASS] und erkannte ihre schmerzstillende, fiebersenkende Wirkung). Die Reihe der Forscher ließe sich unschwer weiter fortsetzen.

Die Immunreaktion hat jedoch auch Schattenseiten, die nicht wenigen Menschen große Probleme bereitet. Beispielhaft seien hier genannt: **allergische Reaktionen** (übermäßige Immunreaktion gegen relativ harmlose körperfremde Stoffe wie Pollen, Hausstaub oder Tierhaare) und **Abstoßungsreaktionen** (etwa bei Organtransplantationen).

Didaktische Überlegungen

Die Themenbereiche Immunsystem, Bakterien, Viren, Pilze und Einzeller spielen in den Lehr- und Bildungsplänen im Unterrichtsfach Biologie der Sekundarstufe I – und meist auch in der Sekundarstufe II – eine wichtige Rolle. Dies wird umso verständlicher, wenn man sich die exemplarische Bedeutung sowie die Gegenwarts- und Zukunftsbedeutung der genannten Themenbereiche für die Lernenden bewusst macht.

So kann beispielsweise beim Thema „Robert Koch" exemplarisch deutlich werden, dass es beim **naturwissenschaftlichen Vorgehen** auf sorgfältiges, kausalanalytisches Arbeiten ankommt, beim dem klar zwischen dem Betrachten, Vergleichen, Beobachten, Untersuchen, Systematisieren und Experimentieren einerseits und dem interpretierenden Schlussfolgern andererseits unterschieden werden muss. Auf induktivem Wege gewonnene Erkenntnisse müssen der Realität und ständigen wissenschaftlichen Überprüfungen standhalten, d. h. sie müssen durch deduktive Anwendungen sowie horizontalen und lateralen Transfer erhärtet – oder die stets nur vorläufig gültigen Regeln bzw. Erkenntnisse verworfen – werden (vgl. Falsifikationstheorem von Sir Carl R. Popper, Wissenschaftstheorie Kritischer Rationalismus).

Die Thematik „Körpereigene Abwehr" hat für die Lernenden – in Anlehnung an die kritisch-konstruktive Didaktik von Wolfgang Klafki – nicht nur eine hohe **Gegenwartsbedeutung**, sondern spielt auch in Zukunft – innerhalb und außerhalb der Schule – eine überaus wichtige Rolle, von der Exemplarität einzelner Erkrankungen ganz zu schweigen. Krankheiten sind an der Tagesordnung und immer neue Krankheiten entstehen – und betreffen auch Jugendliche ohne Vorankündigung –, wie das Beispiel „Neue Influenza" aus dem Jahre 2009 zeigt. Es vergeht kaum ein (Schul-)Tag, an dem nicht mindestens ein Schüler einer Schule krankheitsbedingt nicht am Unterricht teilnehmen kann. Und es vergeht wohl keine einzige Sekunde in unserem Leben, in der sich unser Organismus nicht mit Krankheitserregern auseinandersetzen muss.

Bedingt durch die zunehmende **Globalisierung** und **Internationalisierung** – auch was Fernreisen im Urlaub angeht – wird das Thema „Abwehr von Krankheitserregern" für junge Menschen immer wichtiger und das Interesse der Gesellschaft an der Thematik ständig größer. Gesund zu sein und gesund zu bleiben, darf als lebenslange Aufgabe angesehen werden. So ist beispielsweise der Anspruch aller Menschen auf gesundes Trinkwasser eine der wichtigsten Aufgaben, die sich WHO und UNESCO auf ihre Fahnen geschrieben haben. Verunreinigtes Trinkwasser gilt weltweit als die Ursache Nr. 1 für Krankheiten. Aktuell ist davon auszugehen, dass etwa ein Drittel aller Menschen kein sauberes, d. h. weitgehend von Krankheitserregern freies Trinkwasser zur Verfügung haben.

Nachhaltige Entwicklungshilfe muss insbesondere beim sauberen Trinkwasser, bei flächendeckenden Schutzimpfungen und besonders auch bei der Ermöglichung bzw. Förderung von Bildung ansetzen, wenn es noch in diesem Jahrhundert gelingen soll, möglichst allen Kindern weltweit ein menschenwürdiges Leben – verbunden mit einer humanen Lebenserwartung – zu ermöglichen.

Anschlussfähiges, nachhaltig wirksames Wissen und eigenverantwortliches Handeln entstehen – so wissen wir aus den neueren Erkenntnissen der Neurowissenschaften und der Motivations- und Lernforschung – insbesondere dann, wenn einerseits die Erkenntnisse der Lernenden emotional positiv besetzt sind (hierbei spielt das Limbische System eine zentrale Rolle) und andererseits vielfältige kognitive Verknüpfungen auf neuronaler Ebene im System Gehirn hergestellt sind. Spiegelneuronen und **Modelllernen** helfen uns, zunehmend besser zu verstehen, welch große Bedeutung guter Unterricht und gute Lehrer für nachhaltiges Lernen von jungen Menschen haben.

Fachliche und fächerübergreifende Zielsetzungen

Zentrales Anliegen eines zeitgemäßen Biologieunterrichts ist es, junge Menschen zu befähigen, sich selbst und die (belebte und unbelebte) Mitwelt differenziert zu erkennen, ein komplex organisiertes Wissen innerhalb der kognitiven Strukturen des Individuums aufzubauen und ethisch verantwortliches Handeln in Gegenwart und Zukunft zu fördern. Dazu ist es unverzichtbar, den eigenen Organismus besser zu kennen und um dessen erstaunliche, alltägliche Leistungen zu wissen und diese schätzen zu lernen.
Das Thema „Immunsystem – gesund – krank" ist für viele Jugendliche auf den ersten Blick etwas Selbstverständliches und wenig Fragwürdiges, da die meisten Jugendlichen in aller Regel keine größeren Probleme mit ihrer Gesundheit haben. Lediglich diejenigen, die unter Allergien leiden oder krank sind bzw. sich krank fühlen, nehmen das Immunsystem in seinen Besonderheiten wahr – wenn auch nur in einzelnen Aspekten.

Die unterrichtspraktischen Erfahrungen zeigen, dass sich Schüler der Sekundarstufe I und II für die genannte Thematik besonders interessieren, da sie eine **hohe individuelle, subjektive Relevanz** im Hinblick auf die Gesundheitsbildung besitzt und die Thematik motivationskräftig ist, wenn folgenden Aspekten im Biologieunterricht besondere Beachtung geschenkt wird:
- Erstaunliches und Selbstverständliches zum Problem werden lassen;
- selbstständiges, weitestgehend selbstgesteuertes Lernen ermöglichen;
- Schülerversuche einplanen und problemlösend experimentieren;
- eine anregende Lernumwelt schaffen („Lernarrangements");
- positiv besetzte soziale Arbeits- und Lernformen berücksichtigen;
- sach- und schüleradäquate Methoden und Medien wählen;
- sinnstiftende Kommunikation im Unterricht fördern;
- Lern- und Leistungssituationen klar trennen;
- einen klaren Orientierungsrahmen vorgeben, innerhalb dessen der Frei- und Spielraum individuell und sozial gestaltet und eigenverantwortlich genutzt werden kann.

Das Immunsystem bzw. die körpereigene Abwehr sind für Lernende immer wieder faszinierende Thematiken mit hoher **Gegenwarts- und Zukunftsrelevanz** und von großer exemplarischer Bedeutung, dienen sie doch dem gezielten intrapersonalen Aufbau von Orientierungs- und Verfügungswissen beim Lernenden.

Lehr- und Lernziele (Unterrichtsziele), Bildungsstandards und Kompetenzen

Die Lernziele der vorliegenden Stationenarbeit „Das Immunsystem" sind primär für die Klassenstufen 8 bis 10 der weiterführenden Schularten konzipiert. Zum Erreichen der entsprechenden Bildungsstandards und Kompetenzen sind folgende Ziele besonders hervorzuheben:

Die Jugendlichen sollen:
- zwischen unspezifischer und spezifischer Abwehr von Krankheitserregern unterscheiden und die beiden Formen der Abwehr erläutern können (fachlich-sachliche Kompetenzen);
- die Komplexität der Begriffe Gesundheit und Krankheit erahnen lernen und evtl. sogar darüber staunen, zu welchen Leistungen unser Körper bei der Krankheitsabwehr in der Lage ist (fachlich-sachliche sowie personale Kompetenzen);
- Begriffe wie Antigen, Antikörper, Antigen-Antikörper-Reaktion, aktive Immunisierung, passive Immunisierung im Kontext alltäglicher Erfahrungen erläutern können (fachlich-sachliche Kompetenzen);
- lernen, innerhalb eines abgesteckten Rahmens, in angemessener Zeit und in einem bestimmten sozialen Kontext bestimmte Aufgaben zu erledigen (sozial-kommunikative Kompetenzen);
- weitgehend selbstständig das eigene Lernen am Thema Immunsystem organisieren und verantworten (personale Kompetenzen);
- sich im sozialen Lernen üben können und konstruktiv mit anderen zusammenarbeiten (sozial-kommunikative Kompetenzen);
- nicht nur betrachten und beobachten, sondern auch untersuchen und experimentieren sowie recherchieren, diskutieren, vergleichen, strukturieren, systematisieren und präsentieren (methodisch-strategische Kompetenzen).

Die zu erwerbenden Kompetenzen liegen demnach sowohl im fachlichen, instrumentell-methodischen, sozial-kommunikativen als auch personalen Bereich. Darüber hinaus spielen übergeordnete Fähigkeiten wie vernetzendes, problemlösendes Denken und ethisch verantwortliches Handeln eine besondere Rolle.

Empfehlungen für die Planung und Durchführung

Vorbereitung

Zur Vorbereitung der Arbeit an Stationen sollten die Arbeits- und Informationsblätter kopiert und bei den betreffenden Stationen in der entsprechenden Stückzahl für die Schülerinnen und Schüler bereitgelegt werden. An den einzelnen Stationen sollten zudem die benötigten Materialien zur Verfügung stehen.
Vorab ist mit der Klasse sinnvollerweise zu klären,

- in welchen **Sozialformen** gearbeitet werden soll,
- wie viele Stationen insgesamt bzw. welche Stationen **Pflichtstationen** und welche/wie viele **Wahlstationen** verbindlich sind,
- wie viel **Unterrichtszeit** insgesamt zur Verfügung steht,
- wie die **Protokollierung** der erarbeiteten Ergebnisse erfolgen soll.

Die Schülerinnen und Schüler sollten alle Arbeitsblätter, evtl. zusätzliche Lösungsblätter sowie den Laufzettel und die „Hinweise für die Schülerinnen und Schüler" in einer **Sammelmappe** abheften.

Ferner sollten sie vor Beginn der eigentlichen Stationenarbeit einen orientierenden **Überblick über die Themenbereiche** der einzelnen Stationen erhalten, damit auch ihren Interessen und Bedürfnissen Rechnung getragen werden kann.

Um den **Lernfortschritt** der einzelnen Schülerinnen und Schüler während der Stationenarbeit feststellen zu können, erhalten sie vor Beginn der Arbeit an den Stationen den **Vortest** (s. Vorlage Seite 10/11), den sie in Einzelarbeit bearbeiten sollen und mit dessen Hilfe sie ihr Vorwissen zum Thema feststellen können. Der Vortest verbleibt bei dem jeweiligen Schüler und wird zunächst nicht korrigiert. Am Ende der Stationenarbeit erhalten die Schülerinnen und Schüler den zum Vortest identischen **Nachtest** zur individuellen (bzw. je nach pädagogisch-didaktischer Intention ggf. gemeinsamen) Bearbeitung. Den bearbeiteten Nachtest können die Schüler evtl. selbst korrigieren, sofern ein **Lösungsblatt** (s. Vorlage Seite 47) – ggf. kopiert als Overhead-Folie – mit dem Erwartungshorizont für die verschiedenen Aufgaben zur Verfügung gestellt wird.

Die Arbeit an den Stationen

Je nach didaktischen Intentionen, zu Verfügung stehender Unterrichtszeit, Interessenlage der Klasse etc. kann sich die Arbeit an den Stationen über einen Zeitraum von zehn und mehr Unterrichtsstunden erstrecken. Bei dieser offenen Unterrichtsform kommen der Lehrperson insbesondere die Aufgaben eines Beobachters, Diagnostikers, Beraters, Anregers und Moderators zu; die Schülerinnen und Schüler sollten die zu bearbeitenden Aufgaben möglichst selbstständig lösen, sich selbst kontrollieren und auch lernen, mit Fehlern umzugehen.

Abschluss

Am Ende der Arbeit an den Stationen sollte auf eine Lernerfolgs- bzw. Ergebnissicherung und gemeinsame Vergewisserung über die korrekten Ergebnisse an den einzelnen Stationen auf keinen Fall verzichtet werden. Hierzu bieten sich verschiedene Möglichkeiten an, von denen einige im Folgenden genannt werden:

- Jeweils eine Schülergruppe stellt die Ergebnisse einer bestimmten Lernstation vor.
- Die Ergebnisse jeder Lernstation werden in der Klasse besprochen und gemeinsam fixiert.
- Der Erwartungshorizont für jede Station liegt offen aus, sodass die Schüler ihre Ergebnisse mit denen der Modelllösung vergleichen, ggf. korrigieren und komplettieren können.

Lösungen

Die Lösungen zu den einzelnen Stationen finden Sie ab Seite 47. Sie können als **Erwartungshorizont** des Lehrers sowie zur **Schülerselbstkontrolle** eingesetzt werden. Liegen die Lösungen während der Stationenarbeit an zentraler Stelle im Klassen- oder Fachraum aus, kann das selbstständige, eigenverantwortliche, ziel- und prozessgerichtete Lernen der Jugendlichen gezielt gefördert werden.

Abschließender Hinweis

Wird die Thematik „Immunsystem" im klassischen Biologieunterricht ohne Berücksichtigung des Stationenlernens bearbeitet, so können die Kopiervorlagen gewinnbringend auch in den klassischen problem- und handlungsorientierten Unterricht integriert werden. Viele der vorgeschlagenen, direkt kopierfähigen Vorlagen in diesem Heft eignen sich auch sehr gut für Anwendungs- und Vertiefungsphasen, zur Differenzierung und Individualisierung des Unterrichts (z. B. arbeitsgleiche oder arbeitsteilige Gruppenarbeit), zur Förderung des selbstständigen Lernens und Präsentierens unter Nutzung der Jigsaw-Methode (Gruppenpuzzle) sowie u. a. auch als vor- oder nachbereitende Hausaufgaben bzw. Vorbereitung der Lernenden auf Lernzielkontrollen.

Literaturempfehlungen

Bauer, J.: Erziehung als Spiegelung. Gibt es eine Neurobiologie der Schule? In: SchulVerwaltung 2007, H. 3, S. 4 ff. • Betz, E., Reutter, K., Mecke, D., Ritter, H.: Biologie des Menschen. Wiesbaden 2002 • Campbell, N. A., Reece, J. B.: Biologie. Heidelberg, Berlin 2003 • Graf, E. (Hrsg.): Biologiedidaktik. Donauwörth 2004 • Meyer, H.: Was ist guter Unterricht? Berlin 2004 • Schmidt, R. F., Thews, G., Lang, F. (Hrsg.): Physiologie des Menschen. Berlin, Heidelberg, New York 2000 • Singer, W.: Der Beobachter im Gehirn. Frankfurt 2002 • ders.: Was geschieht im Gehirn, wenn wir lernen? In: Sonderheft Schüler – Wissen für Lehrer, Seelze 2006, S. 22 ff. • Spitzer, M.: Lernen. Berlin 2002 • Wiater, W.: Vom Schüler aus unterrichten. Donauwörth 1999

Übersicht über die Stationen mit Laufzettel

Name:	Klasse:	Datum:

P = Pflichtstation, W = Wahlstation, Ü = Übungsstation

Station	Name	P, Ü, W	Datum	Dauer (in Min.)	Zusammen-arbeit mit …	Bemerkungen	Kontrolle
1	Gesund oder krank?	P					
Bakterien als Krankheitserreger							
2	Bakterien	P					
3	Robert Koch – der Vater der Bakteriologie	P					
4	Alexander Fleming entdeckt das Penicillin	P					
5	Krankheiten durch Bakterien – Beispiel: Salmonellose	P					
6	Von Bakterien verursachte Krankheiten – Beispiel: Tetanus	P					
7	Kreuzworträtsel Bakterien	W					
Viren als Krankheitserreger							
8	Grippe	P					
9	Aufbau eines Virus und Virenvermehrung	P					
10	Von Viren verursachte Erkrankungen	P					
11	Viren sind anders	Ü					
12	Gefürchtete virale Infektionskrankheiten – FSME, Hepatitis	P					
13	Kinderlähmung – (Poliomyelitis, Polio)	W					
14	HIV – gebt Aids keine Chance!	P					
Abwehrsystem (Immunsystem)							
15	Das Abwehrsystem unseres Körpers im Überblick	P					
16	Spezifische Immunreaktion und Immungedächtnis	P					
17	Aktive Immunisierung („Schutzimpfung“)	P					
18	Passive Immunisierung („Heilimpfung“)	P					
19	Allergien – falscher Alarm des Immunsystems	W					
20	Kreuzworträtsel Viren und Abwehrsystem	W					
21	Schüttelworträtsel	W					
22	Wortsuchrätsel	W					

Hinweise für die Schülerinnen und Schüler

Wichtige Hinweise zu den Stationen:

1. Geht vorsichtig mit den Materialien um.
2. Verlasst die Stationen aufgeräumt, sodass die nächste Gruppe zügig mit der Arbeit beginnen kann.
3. Beachtet die Anzahl der zu bearbeitenden Stationen und die Bearbeitungszeit.
4. Aus den Wahlstationen dürft ihr diejenigen auswählen, die euch besonders interessieren oder die verpflichtend festgelegt wurden. Sie können auch dann bearbeitet werden, wenn ihr an einer Station schneller fertig seid und noch keine andere Station frei geworden ist.
5. Stationen, die ihr angefangen habt, sind auch ganz durchzuarbeiten und dürfen nicht halb fertig abgebrochen werden; das gilt auch für Wahlstationen.

Wichtige Hinweise zur Arbeitsweise:

1. Arbeitet an den Stationen sorgfältig und zügig zu zweit oder zu dritt. Arbeitet leise, damit ihr die anderen Gruppen nicht stört.
2. Die Ergebnisse werden von allen Gruppenmitgliedern auf den Kopiervorlagen oder im Biologieheft (mit Überschrift und Aufgabenstellung) festgehalten.
3. Füllt die Übersicht auf dem Laufzettel aus, wenn ihr eine Station bearbeitet habt.
4. Arbeitet zusammen, unterstützt euch gegenseitig und helft euch bei Problemen. Beratet euch bei unterschiedlichen Ergebnissen und einigt euch auf eine Lösung.
5. Zur Selbstkontrolle könnt ihr die Kontrollblätter mit den Lösungen benutzen.

Hinweis: „Laufzettel" und „Wichtige Hinweise zur Arbeitsweise" bitte ins Biologieheft einkleben.

Vortest/Nachtest „Das Immunsystem" *Teil 1*

Name: ______________________ Klasse: ______________ Datum: ______________

○ **Vortest**

○ **Nachtest**

Maximal erreichbare Punktzahl: **65**
(61 Punkte + 4 Jokerpunkte)
Erreichte Punktzahl: ____________

1. Beschrifte die folgende Skizze einer Bakterienzelle. (5 P.)

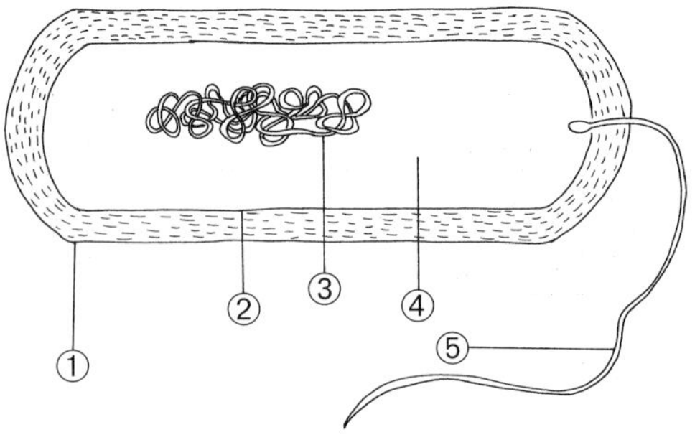

① ______________________

② ______________________

③ ______________________

④ ______________________

⑤ ______________________

2. Nenne drei verschiedene Bakterienformen, eine dazu passende Krankheit und je zwei Symptome dieser Erkrankung. Trage deine Antworten in die Tabelle ein. (6 P.)

Bakterienform	Krankheit	Symptome

3. Bakterien sind in den Körper eingedrungen. Der Patient nimmt Antibiotika. Wie wirken die Antibiotika im Körper? (3 P.)

____

____

4. Was muss man bei einer Behandlung mit Antibiotika beachten? (3 P.)

____

____

5. Der Nobelpreisträger Alexander Fleming hat 1928 durch Zufall eine Entdeckung gemacht, die Weltgeschichte geschrieben hat. a) Was genau hat er beobachtet (erkläre mit Skizze auf der Rückseite) und b) warum wurde die Entdeckung so bedeutend? (5 P.)

____

____

6. Nenne 2 Bestandteile eines Virus. (2 P.)

1) ______________________ 2) ______________________

7. Nenne 4 Gründe, warum ein Virus nicht als Lebewesen bezeichnet werden kann. (4 P.)

1) ______________________ 2) ______________________

3) ______________________ 4) ______________________

Vortest/Nachtest „Das Immunsystem“ *Teil 2*

8. Erkläre, was man unter folgenden Begriffen versteht. (4 P.)

Infekton: ______________________________

Inkubationszeit: ______________________________

9. Werden folgende Infektionen durch Bakterien (B) oder durch Viren (V) verursacht? (9 P.)
Trage die entsprechenden Symbole ein: B (für Bakterien) bzw. V (für Viren).

1 Tuberkulose		4 Salmonellen		7 Tollwut	
2 Herpes		5 Röteln		8 Masern	
3 Mumps		6 Tetanus		9 Keuchhusten	

10. Was versteht man unter einer Tröpfcheninfektion? Nenne ein Beispiel. (2 P.)

____

11. a) Bringe die folgenden Sätze in die richtige Reihenfolge, indem du die Ziffern 1–5 davorschreibst. (5 P.)

_____ Der Mensch bildet Antikörper.
_____ Der Mensch wird immun gegen eine bestimmte Krankheit.
_____ Die Erreger werden chemisch abgeschwächt.
_____ Die Krankheitserreger werden im Labor vermehrt.
_____ Die abgeschwächten Erreger werden dem Menschen gespritzt.

b) Welche Art von Impfung wird in a) beschrieben? ______________________________ (1 P.)

12. Vergleiche anhand der Tabelle die beiden Arten von Impfung miteinander. (8 P.)

	1. Impfungsart	**2. Impfungsart**
Name der Impfung		
Was wird geimpft?		
Wann wird die Impfung eingesetzt?		
Immunisierung erfolgt ...		

13. Welche Aufgaben haben folgende Zellen des Abwehrsystems? (4 P.)

a) Gedächtniszellen: ______________________________

b) Makrophagen: ______________________________

c) Killerzellen: ______________________________

d) T-Helferzellen: ______________________________

Joker 1 ☺ Was ist Eiter und wie entsteht er? (*2 P.)

____

Joker 2 ☺ Der Körper reagiert auf Infektionen oft mit Fieber.
Welche beiden wichtigen Aufgaben hat diese erhöhte Körpertemperatur? (*2 P.)

____

Station 1: Gesund oder krank? P

Name: ______________________ Klasse: ______________ Datum: ______________

Material: Infoblatt „Gesund oder krank?“

Aufgaben:

Teil 1: Einzelarbeit

1. Notiere mindestens fünf Merkmale, die aus deiner Sicht dafür sprechen, dass jemand gesund ist.

____

____

____

2. Welche fünf Merkmale würdest du anführen, um zu beschreiben, dass jemand krank ist?

____

____

____

3. Fühlst du dich derzeit gesund? Wenn ja, welche Gründe gibt es dafür?

____

____

____

Teil 2: Partner- oder Kleingruppenarbeit

1. Vergleicht eure Ergebnisse zu „gesund“ und „krank“ und stellt dann zusammen, welche Merkmale aus eurer Sicht für „gesund“ und welche für „krank“ sprechen.

____

____

____

2. a) Lest die fünf Textbausteine auf dem Infoblatt „Gesund oder krank?“ sorgfältig durch. Entscheidet dann, wer „krank“ ist und wer „gesund“.
   b) Überlegt, wie man den verschiedenen Schülern helfen könnte. Sucht euch eine Situation aus und führt ein Rollenspiel durch.

3. Vergleicht die Definition der Weltgesundheitsorganisation (Infoblatt Text B) von „gesund“ mit eurem Verständnis von „gesund“. Welche sind die wichtigsten Merkmale für „gesund“ laut WHO (WHO = World Health Organization)?

Station 1: Gesund oder krank? (Infoblatt) P

TEXT A:
Stellt euch folgende Situation in eurer Klasse vor: Es ist die 1. Stunde am Montagmorgen und fünf Schüler aus eurer Klasse klagen über **Unwohlsein** und **Bauchschmerzen.**

Schülerin 1: „In der 5. Stunde schreiben wir eine Mathearbeit. Ich habe am Wochenende viel dafür gelernt. Vor lauter Lernen war ich kaum an der frischen Luft, obwohl Schwimmbadwetter war. Ich möchte auf jeden Fall nachher in der Arbeit eine gute Note schreiben – mindestens eine 3. Eine 5, wie in der letzten Arbeit, kann ich mir nicht leisten, sonst schaffe ich die Versetzung in Klasse 9 nicht. Das liegt mir ganz schön im Magen."

Schüler 2: „Ich habe jetzt schon Angst vor dem Nachhauseweg. In der Straßenbahn Linie 1, die ich immer nehmen muss, kommen seit einigen Tagen immer zwei Typen auf mich und andere Schüler zu, nehmen mich in die Zange und sagen: ‚Entweder 5 Euro – oder du wirst es bereuen.' Das geht nun schon fast zwei Wochen so – es hat mit einem Euro Erpressung angefangen – und jetzt sind es schon 5 Euro. So viel Taschengeld habe ich nicht, um jeden Tag zu ‚zahlen' – wie schaffe ich das bloß heute, ich habe kein Taschengeld mehr ... Ich kann in der Schule kaum noch an etwas anderes denken. Ich habe jetzt ständig Bauchschmerzen, wenn ich an die Fahrt in der Straßenbahn denke."

Schülerin 3: „Seit Freitag geht es mir echt gar nicht gut. Ich habe Glieder- und Kopfschmerzen, mein Bauch tut weh und ich habe keinen Appetit. Schon beim Anblick von Essen wird mir übel. Gestern Abend hatte ich 39,4 °C Temperatur, also schon leichtes Fieber. Aber die Mathematikarbeit in Geometrie nachher in der 5. Stunde will ich auf jeden Fall mitschreiben, denn Geometrie mache ich sehr gerne – und eine gute Note kann ja wirklich nicht schaden. Hoffentlich halte ich bis zur 5. Stunde durch!"

Schüler 4: „Meine Oma hatte gestern ihren 80. Geburtstag und wir haben bis abends mit Verwandten gefeiert. Nachmittags gab es leckere Kuchen und am Abend haben wir Lasagne gegessen. Dabei habe ich wohl mindestens ein Stück zu viel verdrückt! Als Nachtisch gab es Mousse au chocolat, da wollte ich natürlich auch probieren. Erst nach Mitternacht kamen wir nach Hause. Ich konnte kaum schlafen und auch jetzt ist mein Bauch noch randvoll – davon habe ich jetzt Bauchschmerzen. Eigentlich könnte ich jetzt einschlafen – doch schlafen in der Englischstunde geht wohl nicht!"

Schülerin 5: „Ich weiß, dass ich zu viele Süßigkeiten esse. Meine Haut zahlt mir das heim, was ich falsch mache. Doch die schnippischen Bemerkungen meiner Klassenkameraden wie ‚Wenn ich so aussehen würde wie du, würde ich auch nicht mehr mitschwimmen' schlagen mir mehr auf den Magen – und ich esse aus Frust immer mehr. Wann hören die endlich auf, mich zu ärgern?"

TEXT B:
„Gesund" im Verständnis der WHO (Weltgesundheitsorganisation):

Ein Mensch ist **gesund,** wenn er sich im Einklang fühlt mit seinem Körper, seiner Psyche (Seele), mit seinen Mitmenschen sowie der Umwelt. In den allermeisten Fällen kann nur der betroffene Mensch selbst beurteilen, ob er gesund oder krank ist.

Station 2: Bakterien **P**

Name: ______________________ Klasse: ____________ Datum: ______________

Material: Infoblatt „Bakterien“, Biologiebuch, Internet

Aufgaben:

1. Lest Text A auf dem Infoblatt sorgfältig durch. Unterstreicht die Bestandteile eines Bakteriums im Text. Beschriftet dann die Skizze.

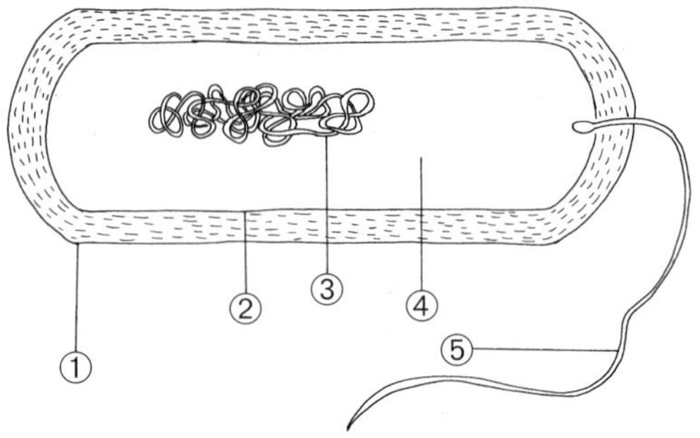

① ______________________

② ______________________

③ ______________________

④ ______________________

⑤ ______________________

2. Welche besonderen Merkmale haben Bakterien? Notiert 5 wichtige Merkmale und macht Angaben über Größe, Bau, Vermehrung und Besonderheiten von Bakterien.

____

____

____

____

3. Lest Text B auf dem Infoblatt sorgfältig durch. Erstellt eine Tabelle, in der ihr 4 verschiedene Bakterienformen und dazu passende Krankheiten auflistet. Nutzt hierzu auch das Internet.

Bakterienform	Krankheit	Symptome

Station 2: Bakterien (Infoblatt) P

TEXT A: Merkmale von Bakterien
Bakterien sind mikroskopisch klein und meist nur 0,1–2,0 Mikrometer (1 Mikrometer = 10^{-6} m = $\frac{1}{1000}$ mm) groß.

Bakterien haben u. a. folgende Merkmale:
Sie finden sich fast überall: im Boden, im Wasser, in der Luft sowie auf und in Lebewesen. Es sind einzellige Lebewesen mit DNA als Erbsubstanz. Die DNA ist als Ringchromosom in die Zelle eingelagert. Im Gegensatz zu pflanzlichen, tierischen und menschlichen Zellen haben Bakterien keinen Zellkern. Bakterien teilen sich unter günstigen Bedingungen bereits nach 20 Minuten, die Teilung ist eine Querteilung:

Schema:

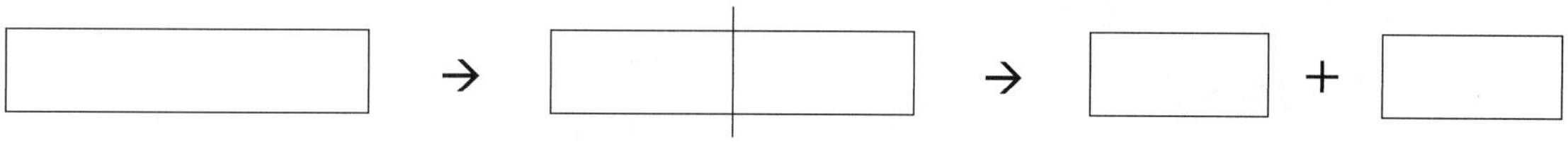

Bei ungünstigen Bedingungen (starke Trockenheit und Hitze) verlieren die Bakterien Wasser und bilden eine widerstandsfähige Kapsel, in der manche Bakterien Jahrhunderte überdauern können.
Die meisten Bakterien werden bei Temperaturen über 50 °C abgetötet. Manche Bakterien überleben dagegen im Eis bei –40 °C und im Wasser von Geysiren bei Temperaturen über 130 °C.

Nicht alle Bakterien sind Krankheitserreger: Die allermeisten Bakterienarten sind nützlich. Sie zersetzen organische Stoffe (beispielsweise im Komposthaufen und im Humus) und helfen bei der Joghurt-, Käse-, Essig- und Weinherstellung. Bakterien auf unserer Haut schützen uns vor Krankheitserregern, Bakterien im Darm bilden für uns wichtige Vitamine. Manche Bakterienarten sind allerdings Ursachen für Erkrankungen (s. Text B).

TEXT B: Bakterienformen
Man unterscheidet in der Biologie meist **vier Grundformen** von Bakterien:

1. **Kugelbakterien (Kokken)** sind runde oder ovale Bakterien mit einem Durchmesser von ca. 0,1 Mikrometer. Sie treten einzeln, in größeren Haufen (Haufenkokken = Staphylokokken) oder in Kettenformen (Kettenkokken = Streptokokken) auf. Beispiel für eine durch Kokken hervorgerufene Erkrankung: Scharlach (Symptome: Schüttelfrost, Fieber, Erbrechen, Rachenentzündung, Bauch- oder Kopfschmerzen).

2. **Stäbchen (Bazillen)** sind längliche, zylindrische, stäbchenförmige Bakterien, die an den Enden meist abgerundet sind. Oft haben sie Geißeln, mit denen sie sich in Flüssigkeiten fortbewegen können. Beispiel für eine Bazillenerkrankung: Tetanus (Symptome: Kopfschmerzen, Schwindel, Schweißausbrüche, Gliederzittern, Mattigkeit, Ermüdungserscheinungen, Muskelschmerzen).

3. **Schraubenförmige oder spiralige Bakterien (Spirillen, Spirochäten)** sind schraubenförmig gekrümmt und haben oft Geißeln zur Fortbewegung. Beispiel für eine Erkrankung: Lyme-Borreliose (Symptome: rote, sich ausweitende Stelle um den Zeckenbiss („Wanderröte“), Müdigkeit, Gliederschmerzen, Muskelbeschwerden).

4. **Kommaförmige Bakterien (Vibrionen)** sind kommaförmig gekrümmt. Viele Vibrionenarten haben lange Geißeln, die länger als die Bakterienzelle sind. Beispiel für eine Vibrionenerkrankung: Cholera (Symptome: starkes Erbrechen, extremer Durchfall, Fieber, Schwächegefühl, Müdigkeit).

Station 3: Robert Koch – der Vater der Bakteriologie P

Name: ______________________ Klasse: ____________ Datum: ______________

Material: Infoblatt „Robert Koch – der Vater der Bakteriologie“

Aufgaben:

Lest den Text auf dem Infoblatt sorgfältig durch und bearbeitet dann folgende Aufgaben:

Robert Koch

Lebensdaten: ____________

Todesursache: ____________

wichtigstes Forschungshilfsmittel: ____________

Forschungsgebiet: ____________

dreifache Forscherleistung:

- ______________________
- ______________________
- ______________________

2. Weshalb gab es in der Zeit vor den Arbeiten von Robert Koch keine (oder kaum) Behandlungsmöglichkeiten für Infektionskrankheiten?

____

____

____

____

3. Welcher Franzose gilt – neben dem deutschen Bakteriologen Robert Koch – als großer Pionier der Bakterienforschung?

____

4. Wie ist folgende Aussage von Robert Koch über Ärzte seiner Zeit zu interpretieren: „Wenn ein Arzt hinter dem Sarg seines Patienten geht, so folgt manchmal tatsächlich die Ursache der Wirkung.“?

____

____

____

____

Station 3: Robert Koch – der Vater der Bakteriologie (Infoblatt) P

Im Mai 2010 gedachte man des 100. Todestages des deutschen Arztes und Bakteriologen Robert Koch. Vieles am Leben von Robert Koch (*11. Dezember 1843 in Clausthal; † 27. Mai 1910 in Baden-Baden) war ungewöhnlich.

Schon während der Schulzeit träumte er davon, Naturforscher zu werden. Er interessierte sich für Krankheiten, die im 19. Jahrhundert als schreckliche Seuchen in ganz Europa und auch in anderen Erdteilen wie Asien und Afrika wüteten und viele Haustiere und Menschen das Leben kosteten: Der *Milzbrand* raffte viele Rinder und Schafe dahin. Die *Tuberkulose,* auch „Weiße Pest" genannt, kostete viele Haustiere (Hühner, Rinder usw.) und viele Menschen das Leben. Auch *Cholera* (eine schwere Durchfallerkrankung) und *Lepra* (Aussatz; schon im Alten Testament erwähnt) waren bereits vor über 2000 Jahren sehr gefürchtete Krankheiten für Menschen.

In der Zeit vor Koch waren schreckliche Krankheiten wie Lepra, Cholera und Tuberkulose, die vor allem in den Armenvierteln der Städte wüteten, nicht behandelbar. Über die Ursachen der Krankheiten war damals kaum etwas bekannt – für manche Krankheiten wurde sogar der „Zorn Gottes auf die sündigen Menschen" verantwortlich gemacht.

Nach dem Medizinstudium in Göttingen arbeitete Robert Koch nicht in berühmten Forschungslabors, sondern praktizierte in kleinen Städten im Osten Deutschlands als Hausarzt. Immer wenn es seine Zeit erlaubte, forschte er im Hinterzimmer seiner Praxis. Für seine Forschungen hielt er sich mehrere Haustiere, insbesondere Kaninchen und Hamster. Sein wichtigstes Hilfsmittel war das Mikroskop. Es gelang ihm nicht nur, (1.) Bakterien als Erreger von Krankheiten wie Cholera (1883), Tuberkulose (1882) und Milzbrand (1876) eindeutig zu identifizieren und wissenschaftlich zu beschreiben, sondern (2.) Bakterien mit bestimmten Farbstoffen anzufärben (und so leichter erkennbar zu machen) und (3.) Bakterien sogar in Nähragar (eingedickte Fleischbrühe mit Algenextrakten) zu züchten.

1885 wurde Robert Koch, der sich durch zahlreiche Vorträge einen guten Namen in der Wissenschaft gemacht hatte, zum Professor für Hygiene an die Universität Berlin berufen. Als Beauftragter des deutschen Kaisers forschte Robert Koch in Ländern wie Ägypten, Indien und Neu-Guinea, stets auf der Suche nach den Erregern von Krankheiten. Sein wichtigstes Hilfsmittel während seines ganzen Forscherlebens blieb das Mikroskop. Vor den Arbeiten von Robert Koch waren ärztliche Behandlungen oft Glückssache – oft verursachten nicht die Krankheiten den Tod der Patienten, sondern die Eingriffe der Ärzte. Deshalb waren die Heilkünste vieler Ärzte in der Zeit vor Koch sehr umstritten.

Für seine überragenden wissenschaftlichen Leistungen in der Bakteriologie erhielt Robert Koch 1905 den Nobelpreis für Medizin. Neben dem Franzosen Louis Pasteur gilt Robert Koch als Vater der Bakteriologie. Das weltberühmte Pasteur-Institut in Paris und das Robert-Koch-Institut in Berlin tragen die Namen dieser herausragenden Bakterienforscher.

Im Mai 1910 starb Robert Koch im Alter von 66 Jahren – sein Arzt fand ihn eines Morgens an der offenen Balkontür. Todesursache: Herzinfarkt.

Station 4: Alexander Fleming entdeckt das Penicillin P

Name: ______________________ Klasse: ____________ Datum: ______________

Material: Infoblatt „Alexander Fleming entdeckt das Penicillin“

Aufgaben:

Lest den Text auf dem Infoblatt sorgfältig durch und bearbeitet dann folgende Aufgaben:

1. Erläutert die Beobachtungen, durch die Alexander Fleming das Penicillin entdeckte.

____

____

____

____

2. Bis zum medizinischen Einsatz des Penicillins war es ein langer Weg. Erläutert die wichtigsten Schritte.

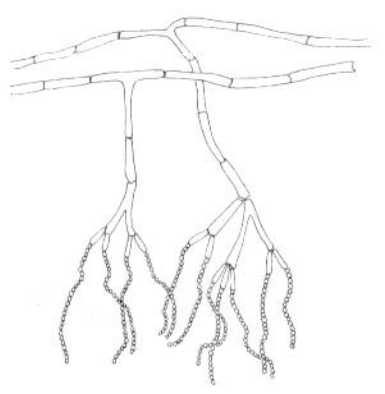

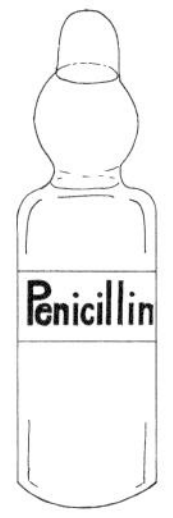

3. Im Jahr 1945 warnte der frisch gebackene Nobelpreisträger der Medizin, Alexander Fleming, in einem Zeitungsinterview:
„Die Folgen sind kaum auszudenken, wenn Patienten Antibiotika zur Selbstmedikation (Selbstbehandlung) in die Hand bekommen und sie zu schwach dosieren (oder die Behandlung nicht lange genug fortsetzen). Statt die Infektion auszumerzen, züchtet man dann penicillin-resistente Erreger ...“
Wie ist Flemings kritische Warnung zur Verwendung von Antibiotika zu verstehen?

____

____

____

____

4. Stellt 4 Regeln zusammen, die man bei der Nutzung von Antibiotika beachten sollte.

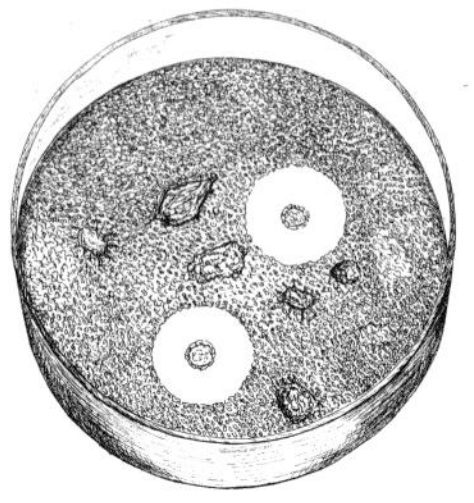

*Abb.: Antibiogramm:
Der Bakterienrasen um die verschiedenen Antibiotika-Proben ist z. T. verschwunden.*

____

____

____

____

Station 4: Alexander Fleming entdeckt das Penicillin (Infoblatt) P

„Während der Arbeit mit Staphylokokken wurden einige Kulturplatten auf dem Labortisch beiseite gestellt und von Zeit zu Zeit untersucht.
Bei den Untersuchungen waren diese Platten notwendigerweise der Luft ausgesetzt.
Dabei wurden sie von verschiedenen Mikroorganismen kontaminiert. Es konnte beobachtet werden, dass die Staphylokokken rund um eine große Kolonie eines kontaminierenden Schimmelpilzes transparent waren, also ganz eindeutig eine Lyse vonstatten ging ...“

Abb.: Alexander Fleming (1881–1955) im Labor

Erläuterungen: kontaminierend = verunreinigend; Lyse = Auflösung, Zerstörung

Mit den obigen Sätzen begann Alexander Fleming (1881–1955) seinen Artikel in einer britischen Fachzeitschrift im Jahre 1929 und veröffentlichte seine Entdeckung des Penicillins.
Damals war er als Mikrobiologie in London am St. Mary's Hospital mit der Untersuchung, Züchtung und Bekämpfung von eitererregenden Staphylokokken (Kugelbakterien, die haufenartig aneinanderhaften) beschäftigt.
Eher durch Zufall entdeckte er das Penicillin: Fleming bemerkte, wie einer seiner Assistenten einige Petrischalen, in denen sich Bakterienrasen gleichmäßig hätten entwickeln sollen, aussonderte und vernichten lassen wollte. Alexander Fleming ließ sich diese Schalen zeigen. Er interessierte sich brennend dafür, die unbekannte Erscheinung zu erklären.
Nach monatelanger Forschungsarbeit wurde er belohnt:
Seine Vermutung bestätigte sich, dass die Schimmelpilze einen Stoff an das Nährmedium in den Petrischalen abgeben, der die Bakterien auf dem Nährboden abtötet. Fleming konnte den Stoff isolieren und nannte ihn Penicillin (angelehnt an den Pinselschimmel *Penicillium*). Die antibakterielle Wirkung von Penicillin konnte Fleming bei vielen Bakterienarten nachweisen.
Überglücklich über die Entdeckung hoffte Fleming nun, dass mit dem Penicillin eitrige Wunden, die bislang zu Amputationen oder gar zum Tod des Patienten führten, geheilt werden konnten und das Leben des Patienten gerettet werden konnte.
Doch die Gewinnung von Penicillin in größeren Mengen gelang zunächst nicht, sodass Menschen mit eitrigen Wunden weiterhin sterben mussten.

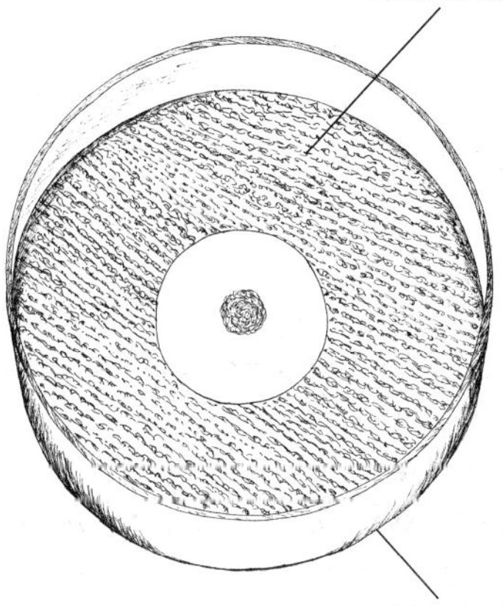

Erst im Jahre 1940 entwickelten H. Florey und E. Chain in Oxford (Großbritannien) ein großtechnisches Verfahren zur Gewinnung von Penicillin. Ab 1942 konnte Penicillin dann weltweit als Antibiotikum gegen Bakterien eingesetzt werden.
Die Arbeiten von Fleming, Florey und Chain wurden 1945 mit dem Nobelpreis für Medizin gewürdigt. Schon 1945 warnte Fleming allerdings davor, Antibiotika unüberlegt einzusetzen. Er hatte schon damals beobachtet, dass bestimmte Bakterien zunächst empfindlich auf Penicillin reagierten, nach einiger Zeit aber wieder wuchsen und somit resistent wurden.

Station 5:
Krankheiten durch Bakterien – Beispiel: Salmonellose P

Name: ______________________ Klasse: ____________ Datum: ______________

Aufgaben:

1. Lest den folgenden Text gut durch.

Salmonellen sind stäbchenförmige Bakterien, die zu schweren Magen-Darm-Entzündungen beim Menschen führen können. Die Erkrankung, Salmonellose genannt, ist mit Fieber, Mattigkeit, Kopf- und Bauchschmerzen sowie Brechdurchfall verbunden. Die Infektion erfolgt durch Lebensmittel, die aufgrund von mangelnder Hygiene oder falscher Zubereitung durch Salmonellen verunreinigt sind.

Wer sich mit Salmonellen angesteckt hat, erkrankt meist schon nach wenigen Stunden, da sich die Bakterien im Körper schnell vermehren und die von ihnen abgegebenen Giftstoffe (Toxine) schon bald zu Unwohlsein und weiteren Symptomen führen.Manchmal sind ganze Kindergärten, Ferienheime oder Altenwohnanlagen von Salmonellose betroffen, wenn beispielsweise im angelieferten Essen Salmonellen vorhanden sind.

Durch mikrokopische Untersuchung von Stuhlproben und Erbrochenem können die Salmonellen leicht nachgewiesen werden. Infolge der starken Wasser- und Salzverluste bei Salmonellose wird die Krankheit mit ausreichend Wasser- und Salzzufuhr bekämpft. Bei schwerem Verlauf muss der Arzt auf Antibiotika zurückgreifen. Die an Salmonellose Erkrankten fühlen sich meist nach 3 bis 4 Tagen schon deutlich besser. Normalerweise ist nach einer Woche die Krankheit überwunden. Dann besteht auch keine Ansteckungsgefahr mehr und betroffene Schüler können wieder in die Schule gehen. Noch gibt es keine Schutzimpfung gegen Salmonellose.

Auch die Infektionskrankheiten werden von stäbchenförmigen Bakterien verursacht. Wegen der Ansteckungsgefahr besteht bei Salmonellose, Typhus und Paratyphus Meldepflicht, d.h. der behandelnde Arzt muss die Erkrankung und den Erkrankten dem Gesundheitsamt melden. Die Erkrankten müssen den Kontakt zu anderen Menschen meiden, damit sie diese nicht anstecken.

2. a) Auf dem Plakat zur Vorbeugung von Salmonellose fehlen noch Symbole. Zeichnet geeignete Symbole in die leeren Kästchen.
   b) Ergänzt weitere Hinweise zur Vorbeugung (z.B. bei Eis: nicht antauen lassen).

Vorbeugung einer Salmonelleninfektion:

Hygiene und richtiger Umgang mit Lebensmitteln

Hände waschen:
mit Seife; vor dem Kochen, vor dem Essen, nach dem Gang auf die Toilette

Einkauf:
- Vorsicht bei leicht verderblichen Lebensmitteln wie Hackfleisch, Geflügelfleisch, Eiern
- lückenlose Kühlkette
- auf das Mindesthaltbarkeitsdatum achten

Lagerung:
salmonellengefährdete Lebensmittel auch im Kühlschrank von anderen Lebensmitteln getrennt aufbewahren

Zubereitung:

Auftauen:
- Fleisch im Sieb auftauen, Auftauwasser wegschütten
- Hygiene bei der Zubereitung: Messer, Schneidebrett, Sieb etc. mit heißem Wasser und Spülmittel reinigen

Hinweis:
Salmonellengefährdete Lebensmittel stets gut kühlen, frisch verwerten und bei der Zubereitung nicht lange ungekühlt liegen lassen. Eier: Falls sie roh verarbeitet werden, immer ganz frische Eier nehmen. Kochen: mindestens 70 °C, 10 Minuten, Geflügel immer gut durcherhitzen.

   c) Begründet die oben genannten Punkte zur Vorbeugung einer Salmonelleninfektion.

3. Schreibt und simuliert ein Interview mit einem Experten für Lebensmittelsicherheit. Stellt ihm darin zum Thema „Salmonellose“ Fragen zu Ursache, Infektionsweg, Risikogruppen, Symptomen, Behandlungsmöglichkeiten und Prävention und beantwortet sie.

Station 6: Von Bakterien verursachte Krankheiten – Beispiel: Tetanus (Wundstarrkrampf) P

Name: ______________________ Klasse: ____________ Datum: ______________

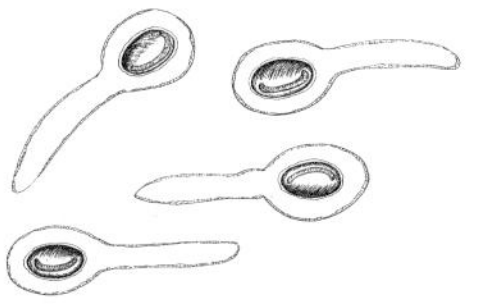

Materialien: Schulbuch, Internet

Aufgaben:

1. Lest die Aussagen in der Tabelle zum Thema „Tetanus“ sorgfältig durch und entscheidet dann, ob sie richtig oder falsch sind. Kreist den betreffenden Buchstaben je Aussage an.

2. Von **unten nach oben** gelesen ergeben die eingekreisten Buchstaben das Lösungswort (aus dem großen Feld der „Immunbiologie“). Dieses lautet:

Lösungswort: ______________

	richtig	falsch
In Deutschland sind derzeit alle Menschen gegen Tetanus geimpft und erkranken deshalb nicht daran.	A	T
Tetanus wird auch als Wundstarrkrampf bezeichnet.	I	P
Erreger von Tetanus ist das Bakterium *Clostridium tetani*, ein peritrich (= um den ganzen Körper) begeißeltes Stäbchen-Bakterium.	E	B
Die Tetanus-Bakterien leben anaerob im Körper und vermehren sich sehr schnell durch Zweiteilung.	Z	R
Die Bakterien an sich sind die Ursachen für die Symptome.	L	S
Die Tetanus-Bakterien im Körper scheiden Toxine (Gifte) aus, die Muskeln, Nerven usw. zunehmend schwer schädigen. Die Tetanus-Impfung schützt nur gegen die sehr schädliche Wirkung der Bakterien-Toxine, nicht aber gegen eine Tetanus-Infektion.	N	T
Zunächst sind grippeähnliche Symptome (Kopfschmerzen, Unruhe, Gliederzittern, Mattigkeit, Ermüdungserscheinungen, Muskelschmerzen, Schweißausbrüche) zu beobachten.	O	I
Die Erkrankung verläuft symptomlos.	S	I
Die Inkubationszeit bei Tetanus beträgt 1–2 Tage.	H	T
Gegen die ausgebrochene Tetanus-Erkrankung gibt es keine ursächliche Behandlung; Penicillin lindert die Symptome etwas.	A	E
Eine sehr schmerzhafte Verkrampfung der Kiefermuskulatur (Kiefersperre) sowie stark überdehnte, schmerzende Muskeln am Körper sind Symptome im fortgeschrittenen Stadium (Name „Wundstarrkrampf“).	B	U
Ein vollständiger Schutz gegen Tetanus (mit Tetanol), der etwa 10 Jahre hält, ist erst nach 3 Impfungen vorhanden.	U	O
Als Inkubationszeit bei Tetanus sind 3 Tage bis 3 Wochen die Regel (teilweise aber sogar bis zu 6 Wochen und mehr).	K	L
Das Robert-Koch-Institut empfiehlt eine erste vorbeugende Tetanus-Impfung am Ende des 2. Lebensmonats (im Rahmen der Diphtherie-Keuchhusten-Wundstarrkrampf-Kombinationsimpfungen).	N	E
Eine Tetanus-Auffrischungsimpfung mit einem im Allgemeinen gut verträglichen Impfstoff wird alle 10 Jahre dringend empfohlen.	I	T

Station 7: Kreuzworträtsel Bakterien

W

Name: ______________________ Klasse: ______________ Datum: ______________

Hinweis: ü = ü

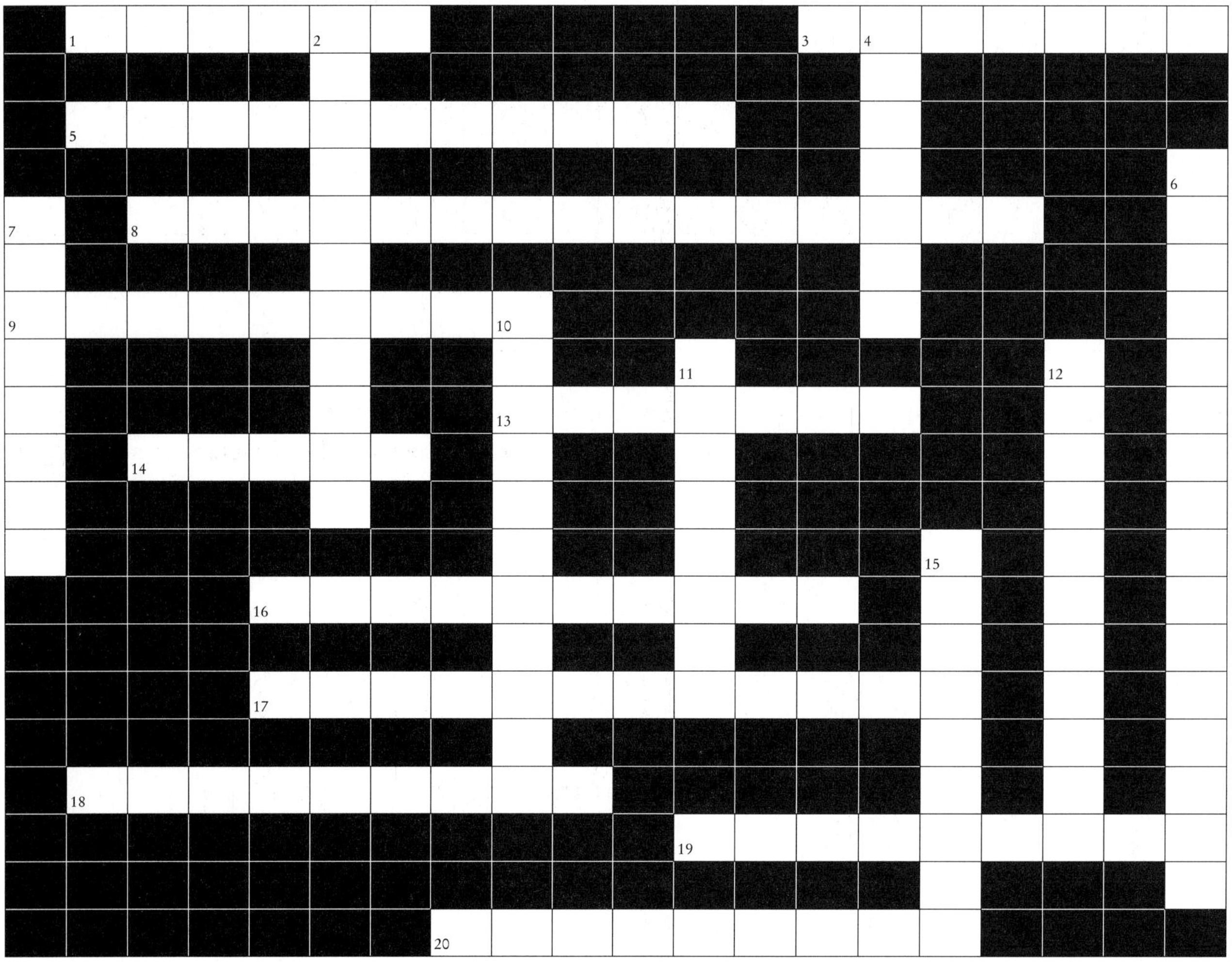

Waagrecht	Senkrecht
1 Kugelbakterien	2 DNA
3 schwere Durchfallerkrankung	4 wichtige Vorbeugungsmaßnahme zur Vermeidung von Salmonellose
5 Stoffe mit antibakterieller Wirkung	6 Krankheit, verursacht durch Pneumokokken
8 Zeit zwischen Infektion und Ausbruch der Krankheit	7 Zeichen, die auf eine Krankheit hinweisen
9 Robert Kochs wichtigstes Forschungshilfsmittel	10 Gefäß zur Züchtung von Mikroorganismen
13 Synonym für „Wundstarrkrampf“	11 Synonym für „Stäbchenbakterien“
14 gesund oder ...	12 Erreger der Salmonellose
16 Alexander Fleming entdeckte das ...	15 mikroskopisch kleine, einzellige Lebewesen
17 Synonym für „verunreinigt“	
18 schraubenförmige Bakterien	
19 kommaförmige Bakterien	
20 Synonym für „Ansteckung“	

Station 8: Grippe **P**

Name: ____________ Klasse: ____________ Datum: ____________

Material: Infoblatt „Grippe“

Aufgaben:

Lest den Text auf dem Infoblatt sorgfältig durch und bearbeitet dann folgende Aufgaben:

1. Welche Merkmale (Anzeichen, Symptome) hat jemand, der an Grippe erkrankt ist?

2. Wie ist der Temperaturverlauf bei einer typischen Grippe, wie sie Emilia hat? Zeichne auf der Grundlage der Temperaturangaben im Text den Temperaturverlauf mittels eines Temperatur-Zeit-Diagramms nach folgendem Muster. Kennzeichne die „Tage mit Fieber“ mit der Farbe ROT, die „Tage ohne Fieber“ mit der Farbe GRÜN.

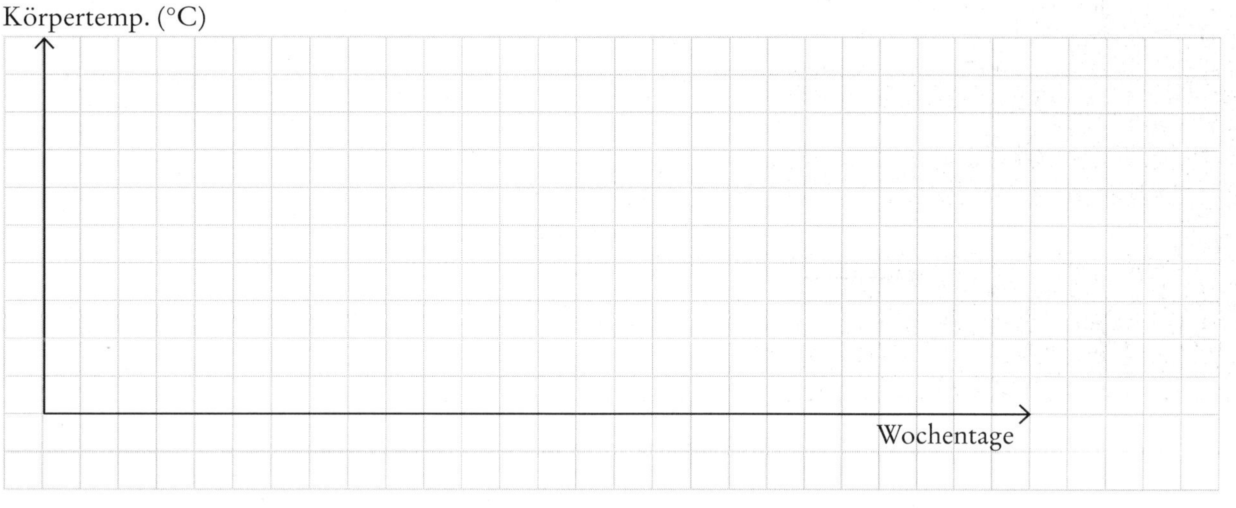

Hinweise:

a) Die Normaltemperatur liegt bei einem Menschen etwa bei 36,7 °C.
b) Von „Fieber“ spricht man bei einer Körpertemperatur über 37,9 °C.
c) Tag des 1. Arztbesuchs: Mittwoch

3. Welches sind die Erreger der Grippe? Recherchiert hierzu im Internet oder schlagt in eurem Biologiebuch nach.

4. Erstellt einen „Steckbrief“ zur Grippeerkrankung. Verwendet hierzu Aspekte wie „Infektion“ (= Ansteckung), „Inkubationszeit“ (= Zeit zwischen Ansteckung und Ausbruch der Krankheit), „Symptome“, „Erreger“, „Erkrankungszeit“, „Gesundungsprozess“, „Bemerkenswertes“ (z.B. Spanische Grippe) usw.

Emilia hat Grippe

Der Wecker klingelt um 6.30 Uhr. Schon beim Aufstehen merkt Emilia, dass mit ihr heute etwas nicht ganz stimmt: Ihr ist schwindlig, sie fühlt sich müde und schlapp, die Gelenke schmerzen und ihr Kopf tut weh.

Beim Frühstück meint ihre Mutter: „Emilia, du bist heute so ruhig – hast du nicht gut geschlafen? Du siehst etwas blass aus." „Doch, doch, es geht schon – nur etwas müde", antwortet Emilia und fährt mit ihrem Mountainbike los.

In der Schule angekommen, fühlt sich ihr ganzer Körper heiß an – und zugleich ist ihr kalt, obwohl es ein schöner sonniger Aprilmorgen ist.

Schon beginnt die Biologiestunde. Hoffentlich komme ich nicht gleich dran, denkt Emilia. Das Mitdenken im Unterricht fällt ihr schwer, obwohl ihr Bio immer Spaß macht. Jetzt schaut der Biologielehrer Emilia an, bittet sie dann nach vorn an den Experimentiertisch und sagt leise zu ihr: „Sag mal, Emilia, geht's dir nicht gut? Bist du krank?"
Emilia schildert kurz, wie sie sich fühlt. Ohne langes Zögern sagt der Lehrer freundlich, aber bestimmt: „Ich denke, du hast dir eine Grippe eingefangen. Am besten gehst du jetzt gleich nach Hause und legst dich ins Bett. Komm erst wieder, wenn du gesund bist, okay?"

Zu Hause angekommen, misst Emilia gleich im Mund ihre Temperatur: 38,5 °C – also leichtes Fieber. Als Emilias Eltern in der Mittagspause nach Hause kommen und Emilia frierend im Bett antreffen, rufen sie gleich den Hausarzt. Dieser kommt schon nach 20 Minuten vorbei und bestätigt die Vermutung der Eltern: „Eine typische Grippe." Er verordnet Emilia für die nächsten Tage Bettruhe, warmen Tee, nur kleine leichte Mahlzeiten und viel Obst. Morgens und abends etwa zur gleichen Zeit soll bei Emilia die Körpertemperatur gemessen und die Werte notiert werden. „Wenn die Temperatur allerdings über 40,5 °C steigen sollte – ab 38 °C spricht man übrigens von Fieber –, rufen Sie mich bitte sofort an. Dann komme ich so schnell wie möglich vorbei." Mit diesen Worten verabschiedet sich der Arzt und wünscht Emilia gute Besserung. Emilia fragt sich: „Wo habe ich mich nur angesteckt? Vielleicht habe ich mich bei meiner kleinen Schwester Linnea infiziert, die letzte Woche ständig geniest hat?"

Eine Woche später schaut der Hausarzt wieder vorbei. Emilia geht es schon wieder besser. Emilias Mutter gibt ihm ein Blatt mit Emilias Temperaturwerten:

Tag (7 bzw. 18 Uhr)	**Mi**	Do	Do	Fr	Fr	Sa	Sa	So	So	Mo	Mo	Di	Di	**Mi**
Temp. (°C)	**38,5**	39,1	39,5	39,8	40,0	39,8	38,8	38,0	39,0	38,4	38,0	37,6	37,0	**36,7**

„Das sieht ja ganz gut aus – du hast die Grippe so gut wie überstanden, prima. Dein Immunsystem ist ganz fit", sagt der Arzt aufmunternd zu Emilia. Auch Emilias Eltern sind beruhigt, dass sie wieder gesund ist.

Station 9: Aufbau eines Virus und Virenvermehrung P

Name: ______________________ Klasse: ____________ Datum: ______________

Material: Biologiebuch, Biologielexika, Internet

Aufgaben:

1. Lest den folgenden Text gut durch und bearbeitet anschließend die Fragen.

Viren (virus = lat. Gift) sind winzig klein (etwa 100-mal kleiner als Bakterien) und nur mit einem guten Elektronenmikroskop sichtbar zu machen. Viele der heute bekannten Viren sind **Erreger von Krankheiten** wie Grippe (Influenza), Herpes (Lippenbläschen), Kinderlähmung (Poliomyelitis, Polio), Röteln, Scharlach, Hepatitis (Gelbsucht), Warzen, Mumps, Windpocken und Pocken. Auch Aids wird von Viren verursacht.

Viren sind keine Lebewesen. Ein Virus besteht größtenteils aus einer Eiweißhülle, die die Erbsubstanz des Virus umschließt. Viren haben keinen eigenen Stoffwechsel, können sich nicht aktiv bewegen, nicht wachsen und nicht auf Reize aus der Umwelt antworten, d. h. sie können nicht wie Lebewesen reagieren und sich auch nicht fortpflanzen.
Viren sind stark zurückgebildete Parasiten, die von lebenden Zellen vermehrt werden; diese von Viren befallenen Zellen nennt man Wirtszellen.

a) Beschriftet die nebenstehende Skizze eines Virus.

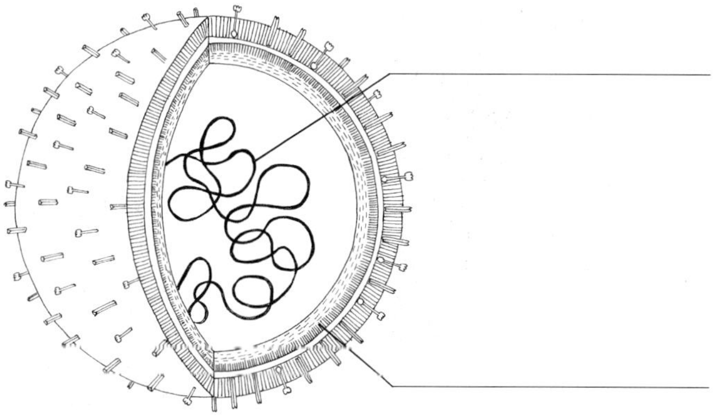

b) Aus welchen chemischen Bausteinen bestehen Viren größtenteils?

____

____

____

c) Weshalb dürfen Viren nicht zur Gruppe der Lebewesen gezählt werden?

____

____

____

____

d) Warum können Viren nicht mithilfe eines Lichtmikroskops sichtbar gemacht werden?

____

____

____

____

Station 9: Aufbau eines Virus und Virenvermehrung **P**

Name: ______________________ Klasse: ______________ Datum: ______________

Aufgabe:

2. Die Textbausteine zur Virenvermehrung (am Beispiel von Grippe) sind hier etwas durcheinandergeraten.

a) Ordnet Textbausteine und Abbildungen einander richtig zu.

b) Bringt die Text-/Bildbausteine in eine sinnvolle (logische) Reihenfolge, indem ihr Ziffern in die Kreise eintragt. So ergibt sich ein Lösungswort.

Lösungswort: _ _ _ _ _ _

◯ Auf Befehl der Viren-Erbsubstanz bildet die Wirtszelle neue Viren-Erbsubstanz. **I**

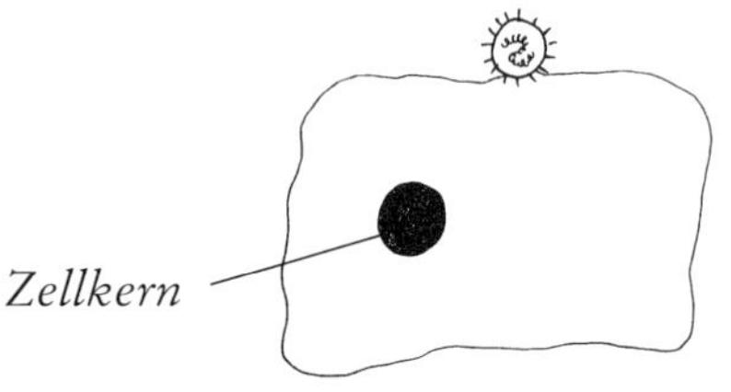

◯ Das Grippe-Virus trifft auf eine gesunde Zelle, beispielsweise der Nasenschleimhaut. Die gesunde Schleimhautzelle wird so zur Wirtszelle. **G**

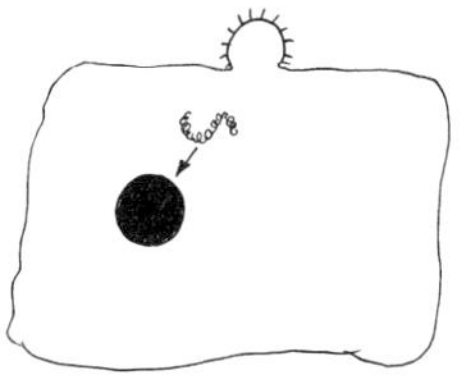

◯ Die Virus-Erbsubstanz und die Virenhüll-Eiweiße vereinigen sich zu neuen Viren in der Wirtszelle. **P**

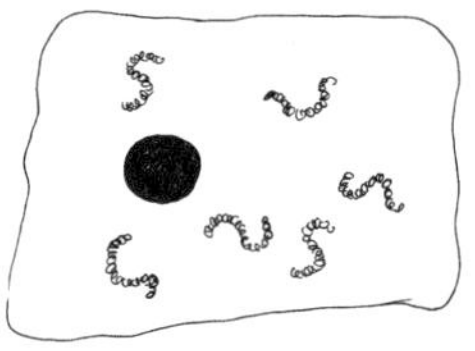

◯ Die mit neu gebildeten Viren gefüllte Wirtszelle platzt und stirbt; die neu hergestellten Viren werden freigesetzt und befallen weitere gesunde Zellen. Dann beginnt ein neuer Kreislauf der Virenvermehrung in einer neuen Wirtszelle. Der Vorgang dauert etwa 30 Minuten, bis die Wirtszelle platzt und die neu gebildeten Viren freisetzt. **E**

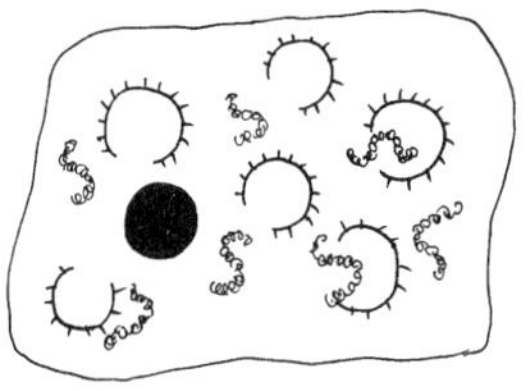

◯ Außerdem muss die Wirtszelle auf Befehl der Viren-Erbsubstanz neue Virenhüll-Eiweiße bilden. **P**

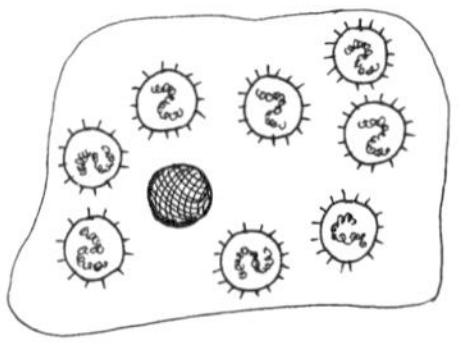

◯ Das Erbmaterial des Virus wird in die Wirtszelle eingeschleust. **R**

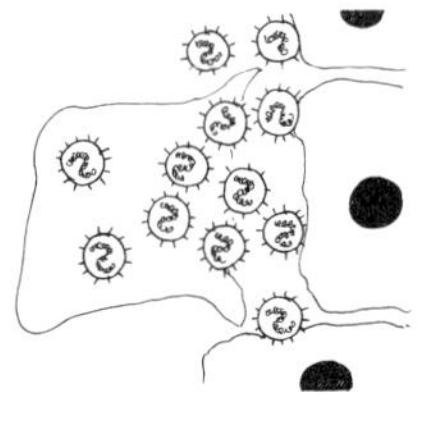

Station 10: Von Viren verursachte Erkrankungen W

Name: ______________________ Klasse: ____________ Datum: ______________

Aufgabe:

Erstellt anhand einer Tabelle nach folgendem Muster eine Übersicht von Krankheiten, die von Viren verursacht werden. Zur Orientierung dienen euch die folgenden Abbildungen.

Zum Vergleich: Keuchhustenbakterium (mit Zellmembran, Plasma und Erbsubstanz)
(Hinweis zu Größenangaben: 0,000 1 mm = 0,000 000 1 m = 1 µm = $1 \cdot 10^{-6}$ m)

0,0001 mm = 1 µm = 1 000 nm

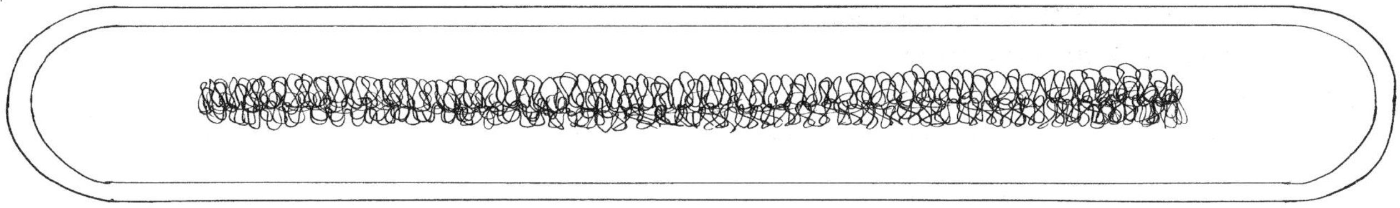

100 nm

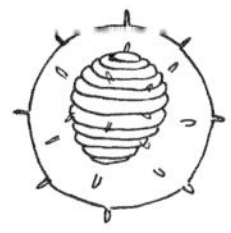

Grippe-Virus

200 nm

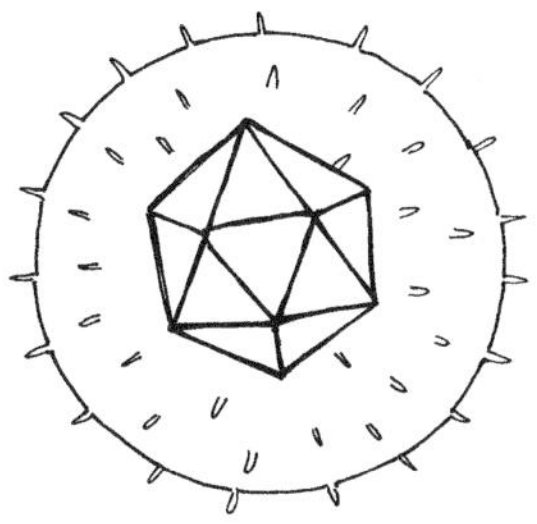

Herpes-Virus

42 nm

Hepatitis-B-Virus

180 nm

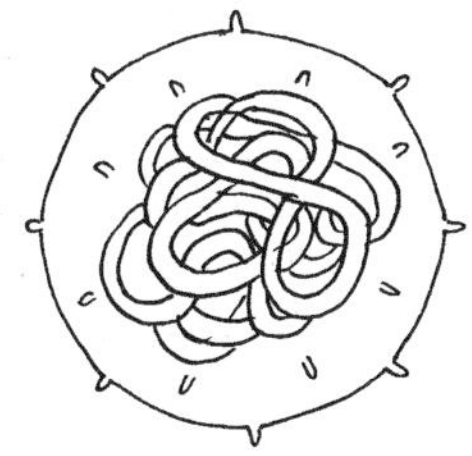

Masern-Virus

25 nm

Polio-Virus

80 nm

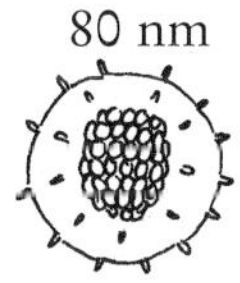

Röteln-Virus

Krankheit	Erreger	Übertragung	Inkubationszeit (Zeit zwischen Ansteckung und Ausbruch der Krankheit)	Krankheitsverlauf	Besonderheiten

Station 11: Viren sind anders Ü

Name: ______________________ Klasse: ____________ Datum: ______________

Material: Internet, Biologielexika, Schulbuch

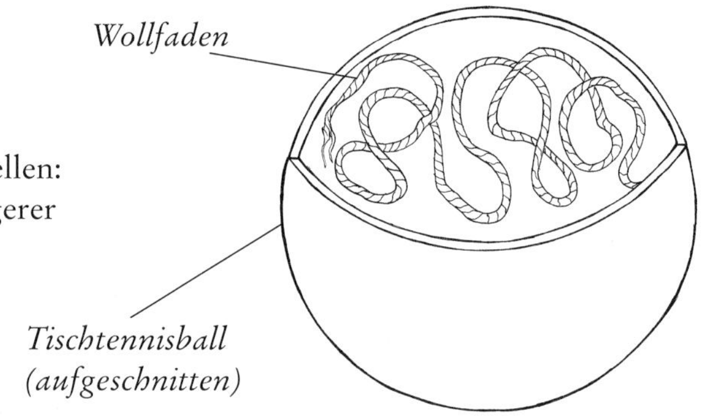

Aufgaben:

1. Als Modell für ein Virus kann man sich Folgendes vorstellen: Ein Virus ist wie ein Tischtennisball, in dem sich ein längerer zerknäulter Wollfaden befindet.

a) Welche Vorzüge hat dieses Virusmodell und welche Nachteile hat es?

____

b) Erfindet ein besseres Modell für ein Virus, beschreibt und bastelt es.

____

2. In der folgenden Abbildung sind verschiedene Viren, aber auch Bakterienzellen skizziert.

a) Notiert bei den verschiedenen Abbildungen, ob es sich um Viren oder um Zellen von Lebewesen handelt.

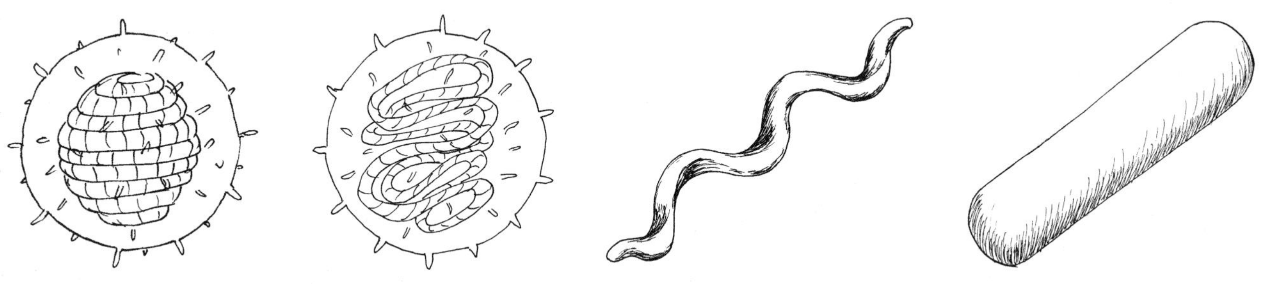

1) ____________ 2) ____________ 3) ____________ 4) ____________

b) Ordnet den Abbildungen der **Viren** aus a) die richtigen Krankheiten zu. Folgende stehen zur Auswahl: Röteln, Masern, Mumps, Grippe (Influenza), Kinderlähmung (Polio), Windpocken, Tollwut, Gelbsucht (Hepatitis).

c) Welche Gemeinsamkeiten haben Viren? Notiert mindestens drei gemeinsame Merkmale.

____

Station 12: Gefürchtete virale Infektionskrankheiten – FSME, Hepatitis **P**

Name: ______________________ Klasse: __________ Datum: ______________

Materialien: Infoblatt „Gefürchtete virale Infektionskrankheiten“

Aufgaben:

1. Lest die beiden Texte auf dem Infoblatt zur Station „Gefürchtete virale Infektionskrankheiten“ sorgfältig durch (viral = von Viren verursacht).
2. Erstellt anschließend eine Übersicht über die folgenden beiden **Viruserkrankungen**. Schlagt hierzu im Biologiebuch nach und recherchiert im Internet.

	Frühsommer-**M**eningo**e**nzephalitis (**FSME**; Frühsommer-Hirnhautentzündung)	**Virus-Hepatitis** (Gelbsucht), bei uns v.a. Hepatitis B und C
Erreger und deren Überträger		
Infektionsweg		
Inkubationszeit		
Symptome		
Gefährlichkeit der Erkrankung		
Besondere Risikogebiete		
Wie kannst du dich schützen?		
Impfung möglich? (ja/nein)		
Besonderheiten der Erkrankung		

3. Vervollständigt den Lückentext sowie die Tabelle.

Sowohl die FSME als auch Hepatitis werden durch ______________ verursacht. Bakterien sind etwa __________-mal kleiner als Pflanzenzellen; ______________ sind etwa __________-mal kleiner als Bakterien.

Vergleich von Bakterien und Viren

	Bakterien	Viren	Anmerkungen
Stoffwechsel (ja/nein)			
Reizbarkeit (ja/nein)			
Fortpflanzung (ja/nein)			
aktive Bewegung (ja/nein)			
Erbsubstanz (ja/nein)			
Lebewesen (ja/nein)			

Station 12: Gefürchtete virale Infektionskrankheiten – FSME, Hepatitis (Infoblatt) P

TEXT A: FSME

Die **Frühsommer-Meningoenzephalitis (FSME)** ist eine Erkrankung, die durch das FSME-Virus ausgelöst wird. Nach der Inkubationszeit (= Zeit zwischen Ansteckung [Infektion] und Ausbruch der Erkrankung) treten grippeähnlichen Symptome wie Fieber, Kopf- und Gliederschmerzen und bei einem Teil der Patienten schwere Entzündungen von Gehirn und Hirnhäuten mit teils schweren Lähmungserscheinungen auf. Bei den meisten Patienten zeigen sich bei einer Infektion jedoch keine Krankheitszeichen. Die Krankheit wird in der Regel durch den Stich einer infizierten Zecke (Holzbock) übertragen. In Risikogebieten wie den Vorbergen des Schwarzwaldes und dem Gebiet der Schwäbischen Alb sind bis zu 10 % der Zecken mit Viren infiziert. Zecken findet man in Mitteleuropa in Höhen bis 1000 Metern.

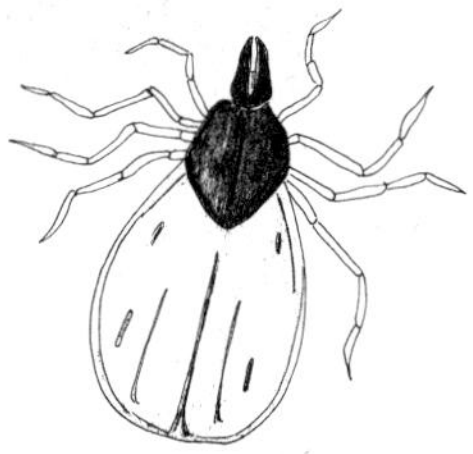

Abb.: Zecke

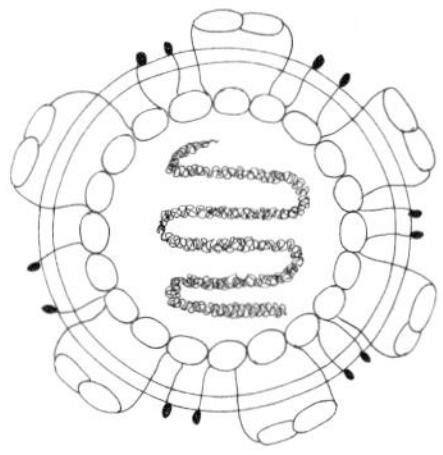

Abb.: FSME-Virus

Eine ursächliche Behandlung der FSME ist bis heute nicht möglich. Neben allgemeinen Schutzmaßnahmen wie geschlossenen Schuhen und dem Absuchen des menschlichen Körpers nach Zecken im Anschluss an einen Spaziergang im Wald kommt der Impfung als vorbeugende Maßnahme eine große Bedeutung zu. Die Impfung gegen FSME wird allen Menschen empfohlen, die sich häufig in Risikogebieten aufhalten. Dies sind insbesondere Waldarbeiter, Förster und auch Jogger. Das FSME-Virus gelangt in den Körper, wenn eine mit FSME-Viren infizierte Zecke einen Menschen sticht und der Speichel der Zecke so in die Wunde kommt. Das größte Risiko, eine Zecke von Gräsern oder Büschen abzustreifen und später von ihr gebissen zu werden, besteht im hohen Gras und im Gebüsch an Waldrändern, weil dort Kleinsäuger (Mäuse) und Vögel als Hauptwirte der Zecken leben.

TEXT B: Hepatitis (Typ A bis E; in Europa vor allem: A, B, C)

Hepatitis (Gelbsucht) ist allgemein eine Entzündung der Leber, die ganz unterschiedliche Ursachen haben kann. Klassische Symptome einer Hepatitis sind: Gelbfärbung der Haut und der Lederhaut des Auges, dunkler Urin, Kopf-, Glieder- und Bauchschmerzen, Übelkeit, Erbrechen und Durchfall. Die häufigsten Ursachen einer Hepatitis in Europa und Amerika sind Virusinfektionen.

Hepatitis A, verursacht durch Viren, heilt meist ohne ernsthafte Komplikationen binnen weniger Wochen aus, d. h. Glieder- und Bauchschmerzen, Übelkeit, Erbrechen etc. verschwinden, ohne dass Schäden zurückbleiben. Sie wird durch verunreinigte Lebensmittel (z. B. Trinkwasser, Muscheln) übertragen. In Europa tritt sie meist als importierte Erkrankung auf, z. B. einige Wochen nach Ende des Urlaubs beispielsweise in Indien oder im Kongo.

Hepatitis B ist derzeit die weltweit häufigste Virusinfektion. Etwa ein Drittel der Weltbevölkerung (etwa 2,5 Milliarden Menschen) ist mit dem Hepatitis-B-Virus infiziert bzw. besitzt Antikörper gegen dieses Virus. Die Infektion mit Hepatitis-B-Viren erfolgt durch den Kontakt mit infizierten Körperflüssigkeiten (z. B. Sperma oder Blut). Babys können auch im Mutterleib angesteckt werden. Symptome sind: Gelbfärbung der Haut, dunkler Urin, Übelkeit, Erbrechen usw.

Hepatitis C ist die häufigste Ursache für virale Lebererkrankungen. Folge der Erkrankung können Leberzirrhose (Schrumpfleber) oder Leberkrebs sein. Die Infektion mit Hepatitis-C-Viren erfolgt auf gleiche Weise wie bei Hepatitis-B-Viren, auch die Symptome sind ähnlich.

Station 13: Kinderlähmung (Poliomyelitis, kurz: Polio) W

Name: ______________________ Klasse: ____________ Datum: ____________

Material: Infoblatt „Kinderlähmung“

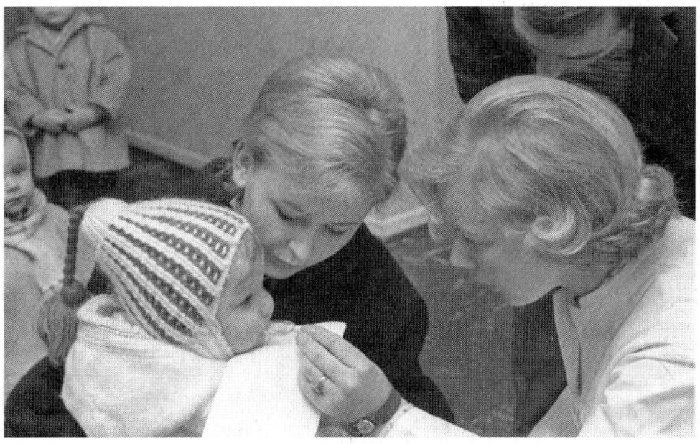

Abb.: Schluckimpfung in Bonn 1967

Aufgaben:

1. Lest den Text auf dem Infoblatt und beantwortet dann die Fragen. Haltet eure Ergebnisse in Form einer Mindmap fest.
a) An welchen Symptomen ist Polio zu erkennen?
b) Welches sind die Erreger von Polio?
c) Wie wirken die Erreger von Polio im Körper?
d) Wie gefährlich ist Polio?

2. In der folgenden Tabelle sind die Neuerkrankungen an Kinderlähmung im Zeitraum von 1957 bis 1966 für die BRD und die ehemalige DDR (jetzt: neue Bundesländer) dargestellt.
a) Wie lässt sich die unterschiedliche Häufigkeit von Polio Anfang der 60er Jahre in der BRD (Westdeutschland) und der damaligen DDR (Ostdeutschland) erklären? Was vermutet ihr?

Jahr	1957	1958	1959	1960	1961	1962	1964	1965	1966
BRD	2402	1750	2114	4198	5673	296	54	48	17
DDR	1596	958	958	126	4	2	0	1	2

____

____

b) Überprüft eure Vermutungen, indem ihr im Biologiebuch, in Biologielexika oder im Internet recherchiert. Was ist der Grund für den Rückgang der Polio-Neuerkrankungen 1960 in der DDR und 1962 in Westdeutschland?

____

3. Weshalb sind Antibiotika zur Bekämpfung von Polio wirkungslos?

____

4. Wie ist es zu erklären, dass in Deutschland und anderen europäischen Ländern die Kinderlähmung seit über 30 Jahren nur noch sehr selten vorkommt, während sie in manchen Entwicklungsländern noch ein sehr großes Problem darstellt?

____

____

5. Die Naturwissenschaftler Jonas Salk und Albert Sabin haben sich bei der Bekämpfung der Polio sehr verdient gemacht. Recherchiert zu den beiden Wissenschaftlern im Internet oder schlagt im Lexikon nach. Notiert ihre Verdienste im Dienste der Wissenschaft und der Menschheit.

____

____

Station 13: Kinderlähmung (Poliomyelitis, kurz: Polio) (Infoblatt) W

Die Kinderlähmung wurde erstmals durch den Schwarzwälder Orthopäden Jakob Heine um 1840 in einem Buch mit dem Titel *„Beobachtungen über Lähmungszustände der unteren Extremitäten und deren Behandlung“* beschrieben. Heine führte den Begriff „spinale Kinderlähmung“ ein. Kinderlähmung, auch *Poliomyelitis* oder kurz *Polio* genannt, ist eine fieberhafte Erkrankung, die vorwiegend Kinder zwischen drei und acht Jahren, aber auch Jugendliche und Erwachsene jedes Alters treffen kann. Etwa 10–20 Prozent der angesteckten (infizierten) Personen erkranken mehr oder weniger stark, die übrigen 80–90 Prozent merken von der Virusinfektion meist gar nichts. Trotzdem kann eine Person bis zu sechs Wochen lang andere Menschen anstecken.
Die Erreger der Polio sind bestimmte Viren, die in Form einer Tröpfcheninfektion oder über die Nahrung in den Organismus kommen. Die Viren gelangen also über die Nase oder den Mund in den Körper eines Menschen und befallen dort zunächst vor allem die Darmschleimhautzellen. Dort werden sie stark vermehrt. Ein Teil der in den Darmschleimhautzellen neu gebildeten Viren gelangt mit dem Kot wieder aus dem Körper. Bei unzureichender Hygiene kann es zu Neuinfektionen kommen, wenn die Erreger mit der Nahrung aufgenommen werden und so in den Nahrungskreislauf kommen.

Die Viren, die im Körper bleiben, gelangen aus den Darmzellen ins Blut und in die Lymphbahnen und können die Nervenzellen von Rückenmark und Gehirn befallen. Infolge der Zerstörung von Nervenzellen treten Lähmungen an Armen bzw. Beinen sowie Ausfallerscheinungen an verschiedenen Organen auf. Lebensgefährlich wird die Polio dann, wenn die Atemmuskulatur betroffen ist.

In der **ersten Erkrankungsphase**, die ein bis zwei Wochen dauert, kommt es zu einer Vermehrung der Viren im Körper. Die Anzeichen sind unspezifisch und ähneln denen einer Grippe (Durchfall, Fieber, Übelkeit, Erbrechen, Kopf- und Gliederschmerzen, Halsschmerzen). Bei bis zu 10 % der Infizierten dringen die Erreger in der **zweiten Erkrankungsphase** in die Nervenzellen von Gehirn und Rückenmark ein; Symptome sind in dieser Zeit: Fieber, Kopf- und Nackenschmerzen, Rückenschmerzen, Muskelschmerzen. In einer **dritten Erkrankungsphase** können schwere Störungen der Muskulatur in Armen und Beinen bis hin zu einer Lähmung der Atemmuskulatur auftreten: Die Menschen können ersticken. Werden tieferliegende Gehirnregionen von den Polio-Viren betroffen, kann es zu schweren Schluckbeschwerden, lebensbedrohlichen Herz- und Kreislaufschäden sowie anhaltendem Muskelschwund kommen. Dadurch wird der Körper stark geschwächt und ist kaum noch leistungsfähig.

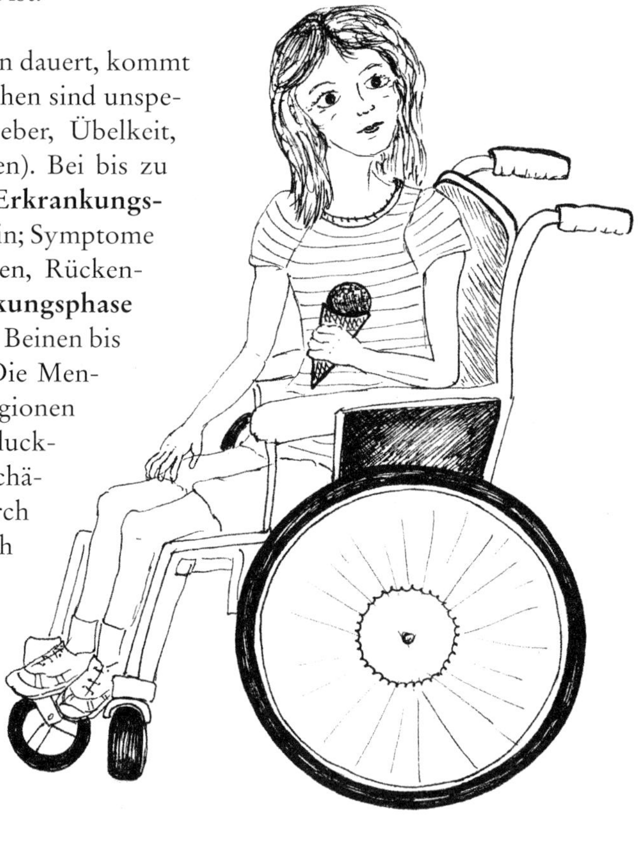

Hinweis: In Deutschland werden schon seit mehreren Jahrzehnten fast alle Kinder bereits im Säuglingsalter gegen Polio geimpft, sodass heute so gut wie keine Kinder in Deutschland an Polio erkranken.

Station 14: HIV – gebt Aids keine Chance! P

Name: ______________________ Klasse: ____________ Datum: ______________

Material: Biologiebuch, Internet

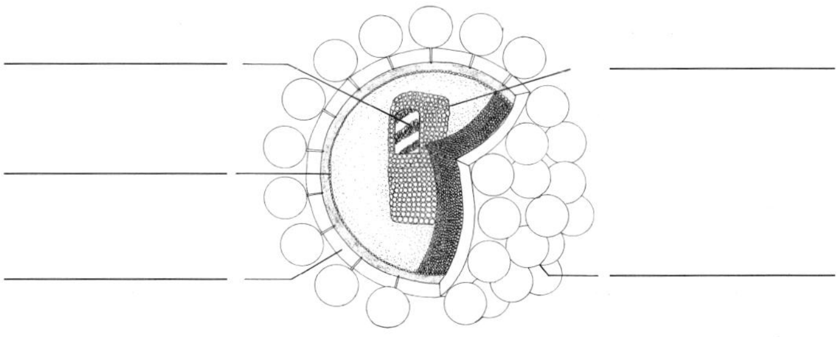

Abb.: HI-Virus (Schema)

Verbreitung von Aids (2008):
33,4 Mio. Menschen weltweit
- Nordamerika: 1,4 Mio.
- Karibik 240 000
- Lateinamerika: 2,0 Mio.
- Westeuropa: 850 000
- Nordafrika/Nahost: 310 000
- Afrika (südl. der Sahara): 22,4 Mio.
- Osteuropa/Zentralasien: 1,5 Mio.
- Ostasien: 850 000
- Süd-/Südostasien: 3,8 Mio.
- Ozeanien: 59 000

Aufgabe:

Schlagt in eurem Biologiebuch nach, recherchiert im Internet und beantwortet dann folgende Fragen:

1. Beschriftet die obige Skizze eines HI-Virus.

2. Erklärt die folgenden Abkürzungen:

a) HIV: ______________________________

b) Aids: ______________________________

3. Was ist über die Verbreitung des HI-Virus von Mensch zu Mensch bekannt?

____

4. Wie kann man sich mit HI-Viren infizieren?

____

5. Wie kann man sich vor einer HIV-Infektion schützen?

____

____

6. Wie gefährlich ist eine HIV-Infektion?

____

____

7. Was ist ein Aids-Test?

____

____

8. Wann ist der alljährliche Welt-Aids-Tag? Was wird mit diesem Tag bezweckt?

____

Station 15: Das Abwehrsystem unseres Körpers im Überblick

P

Name: ______________________ Klasse: ______________ Datum: ______________

Material: Infoblätter 1 und 2 „Das Abwehrsystem unseres Körpers im Überblick", Biologiebuch, Internet

Aufgaben:

Lest den Text auf den Infoblättern sorgfältig durch und bearbeitet dann die Aufgaben. Nutzt auch euer Biologiebuch und das Internet als weitere Informationsquellen.

1. Man unterscheidet zwei Arten der Abwehr von Krankheitserregern. Vergleicht die beiden Arten der Abwehr von Krankheitserregern durch unseren Körper anhand der folgenden Tabelle.

	unspezifische Abwehr	**spezifische Abwehr**
Richtet sich gegen ...		
Angeboren? (ja/nein)		
Zur ... gehören folgende Schutzmechanismen/Bestandteile:		
Besonderheiten		

2. Welcher biologische Vorteil („biologische Sinn") ist darin zu sehen, dass wir zwei Arten zur Abwehr von Krankheitserregern und Fremdkörpern haben?

____

____

Informationsblock: Überblick über die Zellformen des Abwehrsystems	
Zellformen des Abwehrsystems	**Aufgaben**
(Riesen-)Fresszellen (= Makrophagen)	– fressen eingedrungene Krankheitserreger oder abgestorbene Zellen auf – informieren T-Helferzellen
T-Helferzellen	informieren Killerzellen und Plasmazellen
Killerzellen	töten von Krankheitserregern befallene Zellen ab
Plasmazellen	bilden ganz spezifisch wirkende Antikörper
Gedächtniszellen	speichern Informationen über Krankheitserreger und beschleunigen bei einem Folgekontakt mit dem Krankheitserreger die Abwehrreaktion des Körpers

Station 15: Das Abwehrsystem unseres Körpers im Überblick (Infoblatt 1) P

Krankheitserreger (z. B. Tetanusbakterien) und körperfremde Stoffe (z. B. Staubpartikel, Pollenkörner) sind fast überall zu finden. Viele dieser Fremdkörper bedrohen unsere Gesundheit. Aber auch entartete Körperzellen (z. B. Krebszellen) stellen eine Gefahr für unseren Körper dar.
Glücklicherweise verfügt unser Organismus über recht wirkungsvolle Schutz- und Abwehrmechanismen – sonst wären wir viel häufiger krank.
Unser **Immunsystem**, auch Schutz- und Abwehrsystem genannt, ist recht wirkungsvoll, sehr lernfähig und überaus flexibel. Es besteht aus zwei Teilsystemen, die allerdings sehr eng zusammenarbeiten und sich gut ergänzen:

Teilsystem 1: Das **unspezifische (= nicht gezielt wirksame) Abwehrsystem** ist uns angeboren und richtet sich gegen alle körperfremden Stoffe (z. B. Staub) und Strukturen (z. B. entartete Körperzellen, wie etwa Krebszellen). Das unspezifische Abwehrsystem ist sehr wirksam und arbeitet ohne Verzögerung.

Zu diesem unspezifischen Abwehrsystem gehört unsere Haut, die für fast alle Krankheitserreger nicht zu durchdringen ist. Auch die Ausscheidungen der Schweiß- und Talgdrüsen sowie natürliche Bakterien auf der Haut, die den pH-Wert der Haut leicht sauer auf etwa pH 5,5 einstellen, erschweren die Ansiedlung von gefährlichen Mikroorganismen. Auch die Schleimhäute, z. B. in der Nase oder im Mund, bilden für viele Krankheitserreger eine schwer durchdringbare Barriere. So hüllt beispielsweise der zähflüssige Schleim in unserer Nase, der von den Schleimhäuten abgesondert wird, kleine Fremdkörper wie etwa Staub ein. Diese Fremdkörper werden beim Husten zusammen mit dem zähflüssigen Schleim nach außen befördert. Auch Speichel und Tränenflüssigkeit schützen uns vor vielen Krankheitserregern. Gleiches gilt für die Salzsäure im Magen („Magensäure"): Sie macht Krankheitserreger, die beim Essen und Trinken in den Magen gelangen, meist sehr zuverlässig unschädlich.

Haben Krankheitserreger die Barrieren auf der Außenseite unseres Körpers dennoch überwunden und sind in den Körper gelangt, so werden sie im Blut von bestimmten weißen Blutkörperchen (Leukozyten) – Granulozyten und Monozyten – bekämpft. In den Lymphbahnen werden die Fremdkörper von Lymphozyten (= eine besondere Art von Leukozyten) sowie im Gewebe von bestimmten Leukozyten, die die Blutbahn aktiv verlassen können, und Makrophagen („Riesenfresszellen") bekämpft. Meist werden auf diese Weise die Krankheitserreger sehr erfolgreich unschadlich gemacht. Im gelblichen „Eiter" werden die Leukozyten und Makrophagen mit den aufgenommenen Fremdkörpern ausgeschieden.

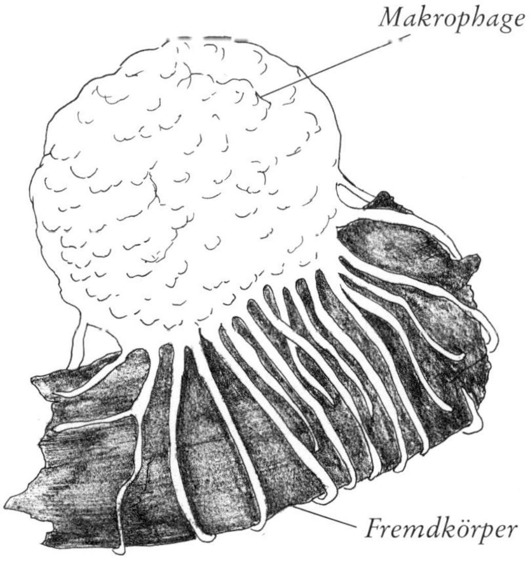

Abb.: Makrophage frisst Fremdkörper

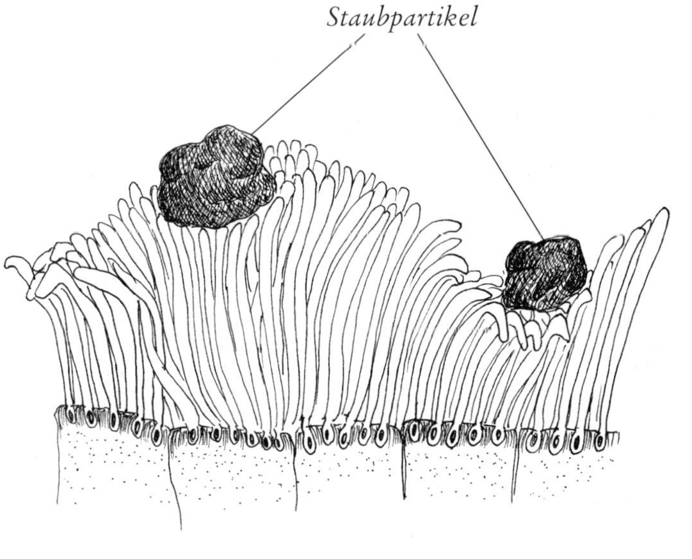

Abb.: Flimmerhärchen „fegen" Staubpartikel weg

Station 15: Das Abwehrsystem unseres Körpers im Überblick (Infoblatt 2) P

Teilsystem 2: Das **spezifische (= gezielt wirksame) Abwehrsystem** ist uns nicht angeboren. Es entwickelt und verfeinert sich erst im Laufe unseres Lebens und arbeitet im Laufe der Jahre immer differenzierter, d. h. ist „lernfähig" und richtet sich gezielt gegen ganz bestimmte Krankheitserreger, bestimmte körperfremde Stoffe oder entartete Zellen in unserem Körper.

Zusammenfassend nennt man Krankheitserreger, körperfremde Stoffe und entartete Zellen, gegen die unser spezifisches Abwehrsystem sich wehrt, **Antigene**.
Zwar ist das spezifische Abwehrsystem bei der ersten Begegnung mit Antigenen relativ langsam, aber bei einem Folgekontakt sehr schnell und genau, sodass Antigene sehr schnell und meist sehr erfolgreich bekämpft und unschädlich gemacht werden können. Dies merken wir beispielsweise daran, dass wir viele Krankheiten in unserem Leben (z. B. die sog. Kinderkrankheiten Windpocken, Mumps, Röteln, Scharlach) meist nur einmal bekommen und wir dann im Normalfall zeitlebens gegen diese Krankheiten geschützt sind.

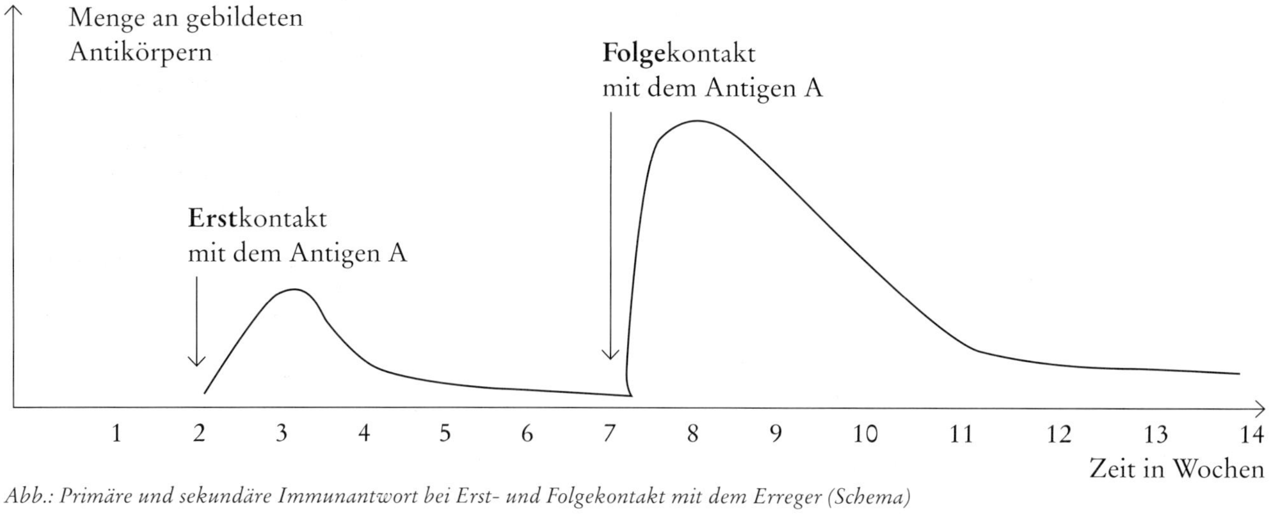

Abb.: Primäre und sekundäre Immunantwort bei Erst- und Folgekontakt mit dem Erreger (Schema)

Beim **Erstkontakt** bildet das Immunsystem gegen die Antigene nur langsam spezifische Antikörper (erste oder primäre Immunantwort). Gleichzeitig merkt sich unser Immunsystem aber diese Antigene. Beim **Folgekontakt** mit den gleichen Antigenen reagiert das Immunsystem dank der in Gedächtniszellen gespeicherten Informationen über das Antigen sehr schnell. Bestimmte weiße Blutkörperchen (Plasmazellen) bilden dann in kurzer Zeit recht große Mengen an spezifischen Antikörpern (zweite oder sekundäre Immunantwort), sodass wir von der Zweitinfektion meist gar nichts merken und natürlich auch nicht erkranken. Die nach dem zweiten Kontakt gebildeten Antikörper passen zudem noch viel genauer zu dem Antigen als beim ersten Kontakt. Deshalb bekämpfen sie auch die Antigene noch wirkungsvoller als beim Erstkontakt. Die spezifischen Antikörper bleiben nach dem Zweitkontakt zudem in recht großen Mengen auch noch längere Zeit nach der zweiten Infektion im Körper aktiv.

Antikörper sind körpereigene Eiweißstoffe (Proteine), die von **Plasmazellen** (bestimmten Leukozyten) gebildet werden, mit den Antigenen reagieren und diese verklumpen. Die Antigen-Antiköper-Komplexe werden von Fresszellen (Makrophagen) aufgenommen und verdaut oder als Eiter ausgeschieden.

Die Wirkung der Antikörper zeigt das Schema auf der rechten Seite.

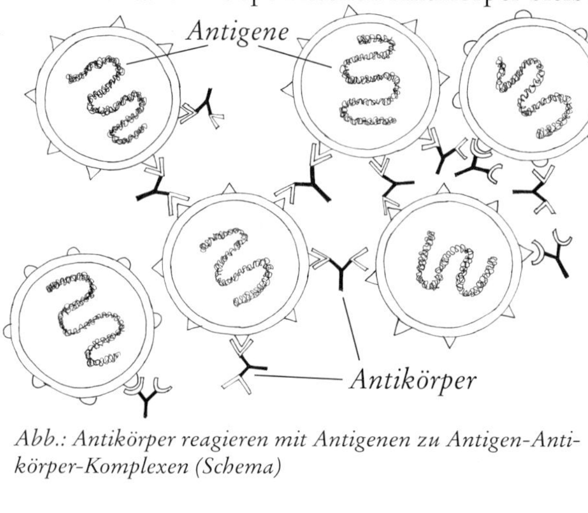

Abb.: Antikörper reagieren mit Antigenen zu Antigen-Antikörper-Komplexen (Schema)

Station 16: Spezifische Immunreaktion und Immungedächtnis

P

Name: ______________________ Klasse: ____________ Datum: ______________

Aufgaben:

Manche Kinderkrankheiten, wie Windpocken, Mumps und Scharlach, bekommt man nur einmal im Leben. Aber nicht alle Menschen, die sich mit Krankheitserregern anstecken, erkranken. Wie lässt sich das erklären?

Die Antwort lautet: „Immunreaktion und Immungedächtnis"

Mithilfe der folgenden Textbausteine und Abbildungen könnt ihr das sehr stark vereinfachte Prinzip der Immunreaktion und des Immungedächtnisses in unserem Körper am Beispiel einer Viruserkrankung leicht verstehen.

Abb.: Kinder mit Mumps

Merkmale von Mumps (auch Ziegenpeter genannt):
- Fieber, Abgeschlagenheit, Unwohlsein
- Schmerzen beim Kauen entzündliche Schwellung der Ohrspeicheldrüse/-n („Hamsterbacke/-n")
- geschwollene, leicht abstehende Ohrläppchen

1. Immunreaktion: Körperfremde Antigene (z.B. Viren oder deren Bestandteile) und körpereigene Antikörper reagieren miteinander zu Antigen-Antikörper-Komplexen.

Ordnet den einzelnen Textbausteinen zunächst mit Pfeilen die richtigen Abbildungen zu und bringt die Text-Abbildungs-Bausteine dann in die richtige Reihenfolge, indem ihr die Ziffern 1–7 in die linke Spalte eintragt.

	Die Antigen-Antikörper-Komplexe werden von Riesenfresszellen (Makrophagen) aufgefressen und verdaut oder als Eiter ausgeschieden.
	T-Helferzellen aktivieren Killerzellen, die Wirtszellen mit Erregern auffressen und auf diese Weise vernichten.
	Die Wirtszellen platzen und die neu gebildeten Viren werden frei und können neue Körperzellen befallen.
	Nicht von Killerzellen aufgefressene (d.h. nicht unschädlich gemachte) Viren werden in Wirtszellen vermehrt.
	Die Makrophagen informieren T-Helferzellen über die Erreger.
	Die körpereigenen, ganz spezifisch wirkenden Antikörper (Abwehrstoffe) binden die Antigene (Krankheitserreger).
1	Die meisten Viren (Krankheitserreger) werden von Riesenfresszellen (Makrophagen) aufgefressen.

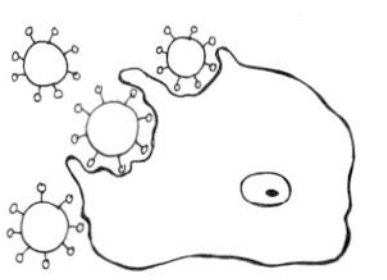

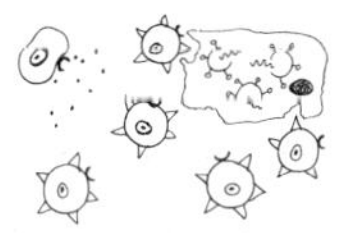

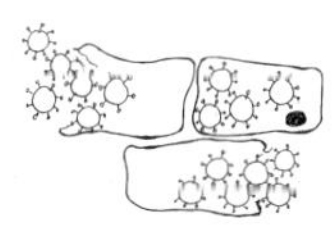

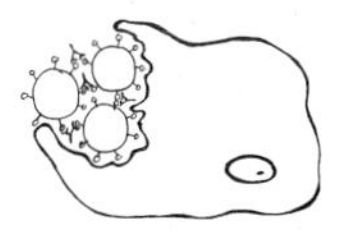

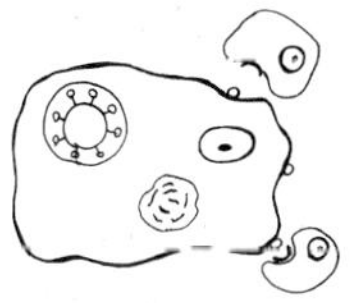

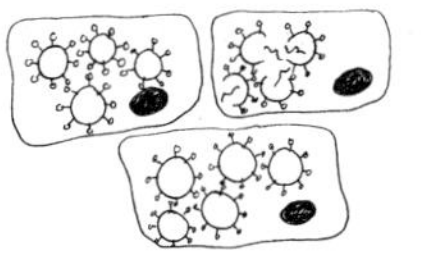

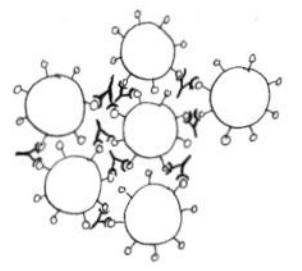

Station 16: Spezifische Immunreaktion und Immungedächtnis **P**

Name: ______________________ Klasse: ______________ Datum: ______________

2. Immungedächtnis: Nach dem Erstkontakt mit einem Krankheitserreger entsteht im Körper ein immologisches Gedächtnis, an dem zahlreiche verschiedene Leukozyten (T-Helferzellen, Plasmazellen, Makrophagen usw.) beteiligt sind. Bei einem Zweitkontakt mit dem gleichen Krankheitserreger ermöglicht es eine schnelle und sehr wirksame Immunreaktion.

Ordnet den einzelnen Textbausteinen zunächst mit Pfeilen die richtigen Abbildungen zu und bringt die Text-Abbildungs-Bausteine dann in die richtige Reihenfolge, indem ihr die Ziffern 1–5 in die linke Spalte eintragt.

	Aktivierte T-Helferzellen informieren Plasmazellen über die Antigene und aktivieren die Plasmazellen.
	Inaktive T-Helferzellen werden durch Antigene (z. B. Virenbestandteile) aktiviert.
	Plasmazellen wandeln sich in **Gedächtniszellen** um und speichern Informationen über die Erreger, sodass bei einer Zweitreaktion sehr schnell spezifische Antikörper gebildet werden können.
	Viele von den Plasmazellen gebildete und freigesetzte Antikörper reagieren mit den Antigenen nach dem Schlüssel-Schloss-Prinzip zu Antigen-Antikörper-Komplexen; diese werden von Makrophagen gefressen und auf diese Weise beseitigt.
	Aktivierte Plasmazellen bilden genau zum Antigen passende Antikörper (eine einzige Plasmazelle bildet bis zu 2 000 Antikörpermoleküle pro Sekunde!).

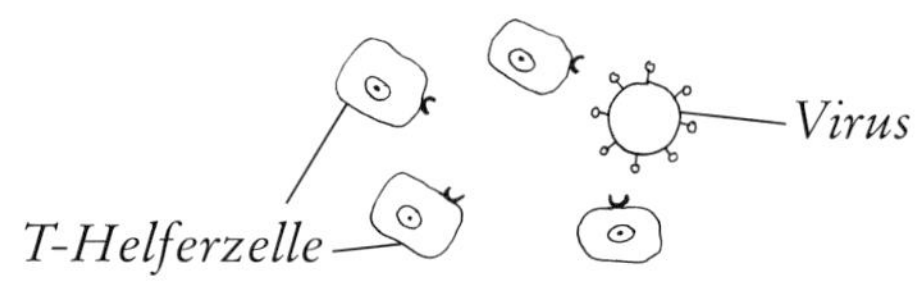

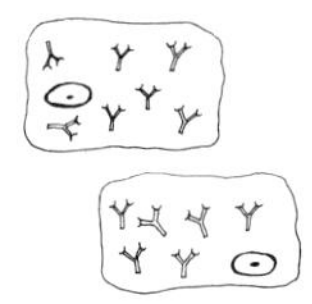

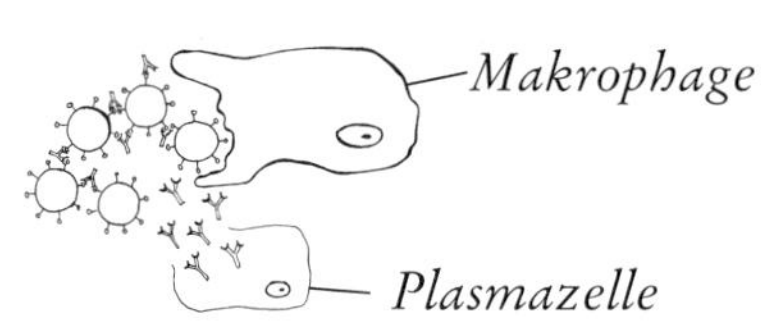

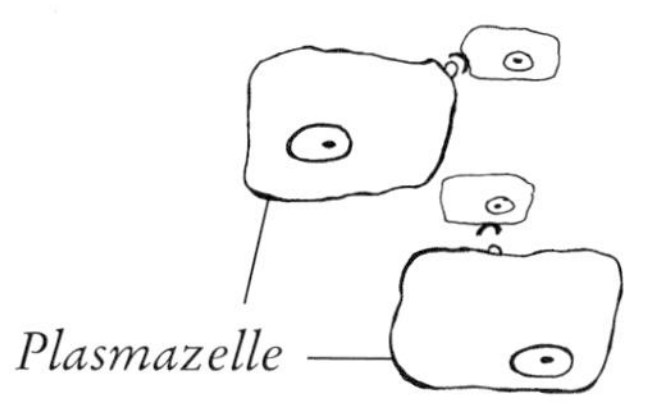

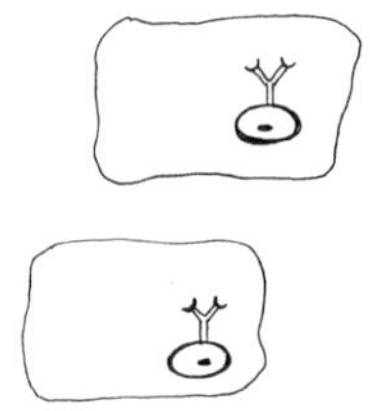

Station 17: Aktive Immunisierung („Schutzimpfung“) P

Name: ____________________ Klasse: ____________ Datum: ____________

Materialien: Infoblatt „Aktive Immunisierung“, Biologiebuch, Impfpass, Internet

Aufgaben:

Lest den Text auf dem Infoblatt sorgfältig durch und bearbeitet dann folgende Aufgaben:

1. Welche auffälligen Beobachtungen an Milchmägden und Stallknechten halfen um 1800 dem englischen Arzt Edward Jenner zu verstehen, warum manche Menschen so gut wie nicht, andere dagegen schwer an echten Pocken erkrankten?

2. Im Jahre 1796 wagte Edward Jenner nach über 10 Jahren intensiver Forschungsarbeit ein Experiment beim Menschen. Was konnte er anhand der Ergebnisse dieses Experiments zeigen?

3. Auf Edward Jenner gehen die Schutzimpfungen, auch aktive Immunisierung genannt, zurück. Was geschieht bei der aktiven Immunisierung? Beschreibe und nutze hierfür die folgenden Abbildungen.

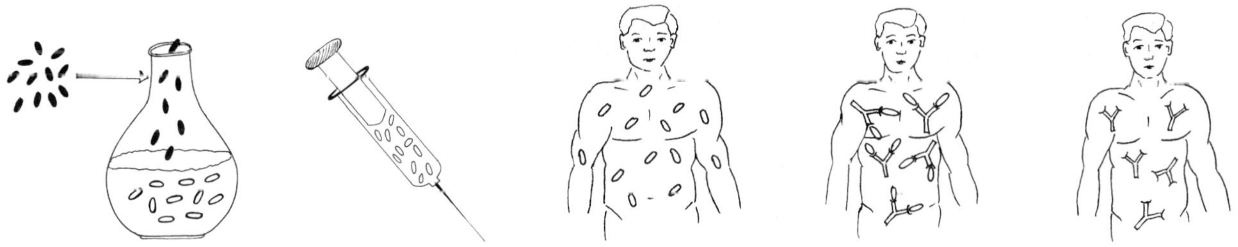

4. Die Pocken gelten laut WHO seit über 30 Jahren weltweit als „ausgerottet“. Wie kam es dazu?

5. Im Impfpass sind alle empfohlenen Impfungen aufgeführt. Schaue in deinem Impfpass nach, gegen welche Krankheiten du geimpft bist.

Station 17: Aktive Immunisierung („Schutzimpfung“) (Infoblatt) P

Die Pocken, eine gefährliche Infektionskrankheit, werden von bestimmten Viren verursacht. Symptome sind Fieber, Hautveränderungen mit eitrigen Bläschen/Pusteln sowie Krusten fast am ganzen Körper. Seit Jahrhunderten gehören die Pocken zu den schlimmsten Seuchen, denn immer wieder gab es große Epidemien mit vielen Todesopfern. Heute ist die Welt pockenfrei – doch wie kam es dazu?

Edward Jenner

Edward Jenner (1749–1823) war ein englischer Arzt. Er beobachtete, dass Mägde und Stallknechte, die sich beim Melken mit (für Menschen harmloseren) **Kuhpocken** infiziert hatten, später nicht oder nur schwach an echten Pocken erkrankten. Die Symptome für Kuhpocken waren bei ihnen Bläschen an den Händen und leichtes Fieber. Die Symptome verschwanden schon nach wenigen Tagen. Auffällig war, dass die einmal an Kuhpocken Erkrankten künftig gegen Pocken immun waren.
Diese Beobachtungen brachten Edward Jenner dazu, intensiv über die Kuhpocken zu forschen.

Nach mehreren Jahren Arbeit wagte er schließlich ein Experiment am Menschen: Am 14. Mai 1796 übertrug er auf einen gesunden achtjährigen Jungen eine erregerhaltige Flüssigkeit aus der Pustel am Arm einer Magd, die sich beim Melken der Kühe mit Kuhpocken angesteckt hatte. Wie Jenner erwartet hatte, erkrankte der Junge nach wenigen Tagen nur leicht an Kuhpocken. In einem zweiten Schritt infizierte er den Jungen mit echten Pocken durch einen kleinen Hautschnitt am Arm. Erfreulicherweise blieb der Junge gesund – er war durch die Infektion mit Kuhpocken (= erste Impfung) gegen Pocken (= zweite Impfung) immun geworden.

Auch Folgeversuche mit anderen Menschen brachten das gleiche Ergebnis und bestätigten Jenner in der Annahme, dass eine Impfung mit Kuhpocken vor einer Erkrankung an echten Pocken schützt. Der Spruch „Von der Liebe und den Pocken wird keiner verschont“ gehörte damit der Vergangenheit an – dank Jenners sorgfältiger und ideenreicher Forschung.

Mit seinen Kuhpocken-/Pocken-Forschungen legte Edward Jenner den Grundstein für alle späteren Impfungen bis heute. 1874 wurde in Deutschland die gesetzliche Impfpflicht gegen Pocken eingeführt. Bis in die 70er Jahre des 20. Jahrhunderts wurde weltweit flächendeckend gegen die Pocken geimpft – mit großem Erfolg: Die WHO (Weltgesundheitsorganisation) erklärte im Jahr 1980 die Pocken weltweit für ausgerottet, sodass heute auch niemand mehr gegen Pocken geimpft werden muss.

Bei der sogenannten **aktiven Immunisierung** (auch Schutzimpfung genannt), die auf Edward Jenner zurückgeht, wird heute der Impfstoff in Form von abgeschwächten oder abgetöteten Krankheitserregern bzw. gentechnisch hergestellten Erreger-Antigenen in den Körper gebracht. Das körpereigene, spezifische Immunsystem bildet daraufhin spezifische Antikörper gegen die Erreger. Auf diese Weise entsteht für den Körper eine spezifische Immunität, die oftmals das ganze Leben anhält.

Station 18: Passive Immunisierung („Heilimpfung“) P

Name: ______________________ Klasse: ____________ Datum: ______________

Materialien: Infoblatt „Passive Immunisierung“, Biologiebuch, Internet

Aufgaben:

Lest den Text auf dem Infoblatt sorgfältig durch und bearbeitet dann folgende Aufgaben:

1. Welche Entdeckung brachte Emil von Behring den Namen „Retter der Kinder“ ein?

____

____

____

2. Vervollständigt die folgende Skizze durch Einzeichnen von Pfeilen zur „passiven Immunisierung“.

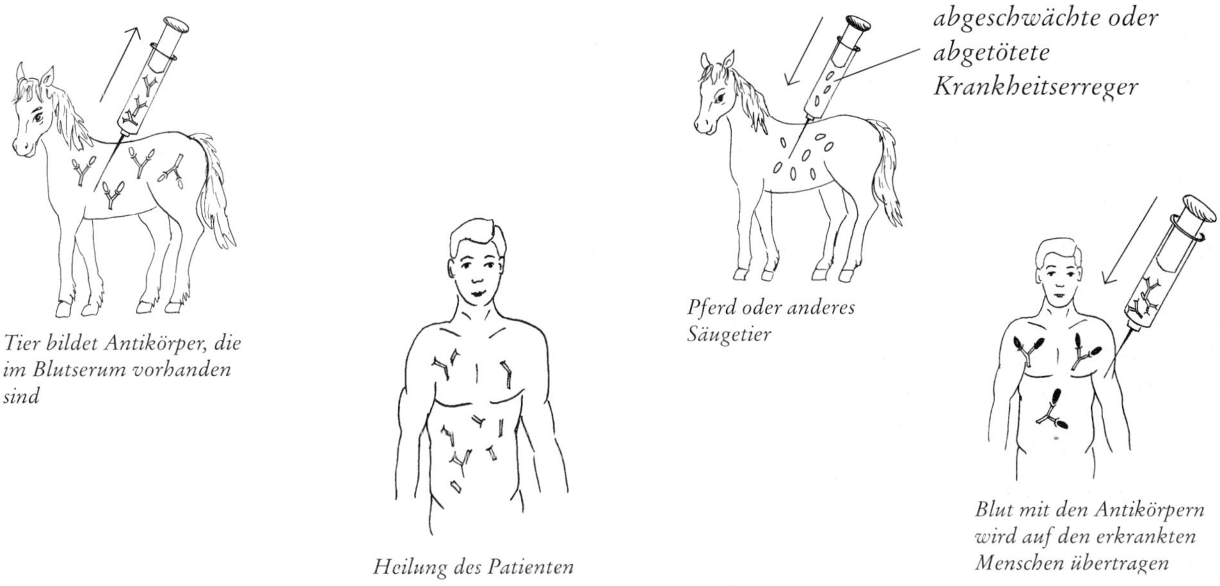

3. Vergleicht aktive und passive Immunsierung anhand der folgenden Tabelle.

	aktive Immunisierung	**passive** Immunisierung
synonyme Bezeichnung		
Antikörper werden von ... gebildet.		
Vorteile		
Nachteile		
berühmter Forscher		

Station 18: Passive Immunisierung („Heilimpfung") (Infoblatt) W

Emil von Behring – ein großer Bakteriologe und Serologe

Am 15. März 1854 wurde Emil von Behring in Westpreußen (gehört heute zu Polen) geboren. Nach dem Medizinstudium in Berlin beschäftigte er sich insbesondere mit der Krankheit Diphtherie und war nach dem Studium in Berlin Assistent des Vaters der Bakteriologie, Robert Koch (1843–1910).

Abb.: Emil von Behring

Steckbrief Diphtherie

Erreger: Diphtherie-Bakterium (Bazillus)

Symptome: Abgeschlagenheit, Übelkeit, Schluckschmerzen, dicker Hals, Bauch- und Gliederschmerzen, Erbrechen, zunehmendes Fieber, bellender Husten

Ansteckung: Tröpfchen- oder Schmierinfektion

Sterblichkeit vor Emil von Behrings Arbeiten: etwa 75 %

Betroffene Personengruppe: vor allem Kinder

Diphtherie-Massenimpfung in Deutschland: ab 1920; ab 1940 **stirbt** in Deutschland kaum noch jemand an Diphtherie dank guter Impfstoffe (für die aktive Immunisierung) und Heilseren (für die passive Immunisierung).

Abb.: Diphtherie-Bazillen

1890 entdeckte Emil von Behring, dass im Blut von Tieren, die an Diphtherie oder Tetanus erkrankten, ein Antitoxin (= Gegengift gegen Toxine) gebildet wird. Dieses Antitoxin kann das von den Bakterien ausgeschiedene Toxin (= ein starkes Zellgift) unschädlich machen. Emil von Behring konnte nachweisen, dass dieses Antitoxin (= bestimmte Antikörper gegen das Bakterientoxin) im Blutserum vorhanden ist. Zudem erkannte er, dass das im Blutserum vorhandene Antitoxin auch auf andere Tiere übertragen werden kann und die Krankheit dadurch stark abgemildert bzw. geheilt wird. Für Tetanus stellte er das Gleiche fest: Im Blutserum von erkrankten Tieren werden ebenfalls Antikörper (= Antitoxine) gegen die gefährlichen Tetanus-Toxine gebildet.

Emil von Behring übertrug diese wissenschaftlichen Erkenntnisse auf den Menschen. Er konnte in Versuchen zeigen, dass an Diphtherie erkrankte Menschen durch das Blutserum von Tieren, das die Antikörper gegen das Diphtherie-Toxin enthält, vor dem Tod bewahrt werden konnten.

Diesen Vorgang nennt man **passive** Immunisierung (Heilimpfung): Der Erkrankte bildet bei der passiven Immunisierung nicht selber die Antikörper; vielmehr werden ihm die Antikörper zugeführt und er wird so geheilt (deshalb: Heilimpfung). Die Übertragung des fremden Blutserums mit den Antikörpern, die beispielsweise von einem Pferd gebildet wurden, führt zu einer schnellen Bekämpfung der Krankheit und baldigen Heilung. Nachteilig ist jedoch, dass die zugeführten Antikörper nicht lange im Körper des Patienten bleiben, sondern als Fremdkörper erkannt und schon bald beseitigt werden. Bei der passiven Immunisierung wird also kein dauerhafter Immunschutz aufgebaut.

Für seine Arbeiten am Diphtherie- und Tetanus-Antitoxin, die ihm den Namen „Retter der Kinder" einbrachten, erhielt Emil von Behring 1901 den ersten „Nobelpreis für Medizin und Physiologie" – vier Jahre vor seinem Lehrer und großen Vorbild Robert Koch. Am 31. März 1917 starb er in Marburg an der Lahn, wo er viele Jahre an der Universität lehrte und forschte. Dank seiner Arbeiten stirbt heute in den Industrieländern niemand mehr an Diphtherie und Tetanus, da sowohl verträgliche Impfstoffe (zur aktiven Immunsierung) als auch Heilseren (zur passiven Immunisierung) zur Verfügung stehen.

Station 19: Allergien – falscher Alarm des Immunsystems

W

Name: ______________________ Klasse: ____________ Datum: ____________

Material: Infoblatt „Allergien – falscher Alarm des Immunsystems“

Aufgaben:

1. Lest den Text auf dem Infoblatt sorgfältig durch und bearbeitet dann folgende Aufgaben:

a) Was versteht man unter einer Allergie?

b) Was versteht man unter einem Allergen? Nennt mindestens vier Beispiele für Allergene.

c) Zählt drei Möglichkeiten auf, durch die eine Allergie gemildert bzw. beseitigt werden kann.

2. Nebenstehend ist ein Pollenflugkalender für Deutschland abgebildet. Beantwortet die folgenden Aufgaben:

a) Was versteht man unter einer Pollenallergie („Heuschnupfen“)?

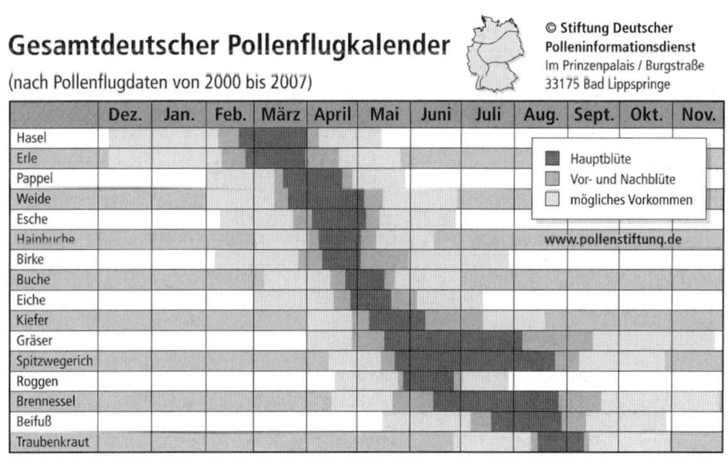

b) An welchen Symptomen kann man eine Pollenallergie erkennen?

c) Wie ist es zu erklären, dass Pollenallergiker zu unterschiedlichen Zeiten im Jahr an Heuschnupfen leiden?

Station 19: Allergien – falscher Alarm des Immunsystems (Infoblatt)

W

Alle freuen sich auf den Frühling, doch bei manchen Menschen ist diese Freude getrübt. Schon früh im Jahr – meist schon Mitte Januar – blühen die ersten Bäume wie Hasel und Erle. Die Pollen dieser und anderer Pflanzen machen vielen Menschen, die eine Allergie gegen Pflanzenpollen haben, das Leben schwer: Die Augen sind geschwollen und tränen, Kopfschmerzen und Müdigkeit vermindern die Leistungsfähigkeit, und dann dieser unangenehme Niesreiz und immer wieder Schnupfen! Derartige Symptome sind typisch bei Menschen, die eine Allergie gegen Pollen von Gräsern, Sträuchern oder Bäumen haben. Diese Erkrankung nennt man **Heuschnupfen**, obwohl die Allergiker keineswegs nur auf die Pollen der blühenden Gräser allergisch reagieren. Bei manchen Menschen äußert sich die Pollenallergie so stark, dass es zu Atemnot (infolge Anschwellen der Schleimhäute in der Luftröhre und der Bronchien) und im Extremfall sogar zur Erstickung kommen kann.

Die Überempfindlichkeit des Immunsystems gegenüber bestimmten Stoffen, die normalerweise harmlos und nicht krank machend sind, nennt man **Allergie**. In der Medizin kennt man neben dem Heuschnupfen zahlreiche weitere Allergien: Manche Menschen reagieren allergisch auf bestimmte Inhaltsstoffe in Nahrungsmitteln (z. B. Sellerie, Erdbeeren, Spargel), auf Sporen von Schimmelpilzen, auf Arzneimittel (z. B. bestimmte Antibiotika), auf Tierhaare (z. B. von Hunden, Meerschweinchen), auf Hausstaubmilben bzw. deren Kot, Insektenstiche oder bestimmte Metalle (z. B. Nickel). Stoffe, auf die ein Organismus mit einer allergischen Reaktion reagiert, nennt man **Allergene**. In den meisten Fällen tritt eine Allergie nicht gleich beim ersten Kontakt mit dem Antigen auf. Der Prozess der Sensibilisierung auf das Antigen, bei dem der Körper erst auf das Antigen empfindlich wird, bleibt deshalb in aller Regel völlig unbemerkt.

Schema:

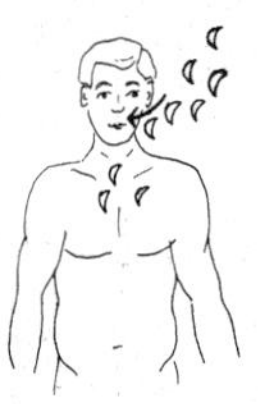

Der **Erstkontakt** mit dem Antigen erfolgt (z. B. durch Einatmen).

↓

Bestimmte **weiße Blutkörperchen** wandeln sich in Plasmazellen um.

↓

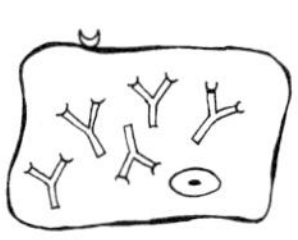

Plasmazellen bilden Antikörper gegen das Antigen.

↓

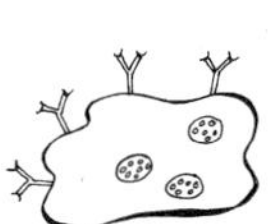

Die Antikörper setzen sich auf die Oberfläche von Mastzellen (ähnlich den Fresszellen des Immunsystems).

↓

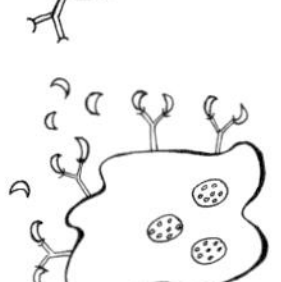

Beim **Folgekontakt** werden die Antigene an die Antikörper auf den Mastzellen gebunden.

↓

Die **Mastzellen** scheiden jetzt schnell große Mengen an **Histamin** aus; kurz darauf treten die Symptome der Allergie auf, da das Hormon Histamin die Blutgefäße erweitert und ihre Wände für Flüssigkeit durchlässig macht.

Nach vorsichtigen Schätzungen leiden etwa 5 % der Mitteleuropäer an einer Allergie – Tendenz steigend. Die Ursachen für diese deutliche Zunahme in den vergangenen Jahrzehnten sind bislang noch nicht bekannt. Vermutlich hängt sie mit den veränderten Lebensbedingungen sowie Veränderungen in unserer Umwelt zusammen.

Allergiker sollten den Kontakt mit dem Antigen meiden. Bestimmte Medikamente (z. B. Antihistamine, die die Wirkung von Histamin ganz oder fast vollständig aufheben) oder eine Hyposensibilisierung (Rückgängigmachen bzw. Abschwächen der Überempfindlichkeit des Immunsystems gegen bestimmte Antigene) kann den Allergikern helfen.

Station 20: Kreuzworträtsel Viren und Abwehrsystem **W**

Name: ______________________ Klasse: ______________ Datum: ______________

ä = ä

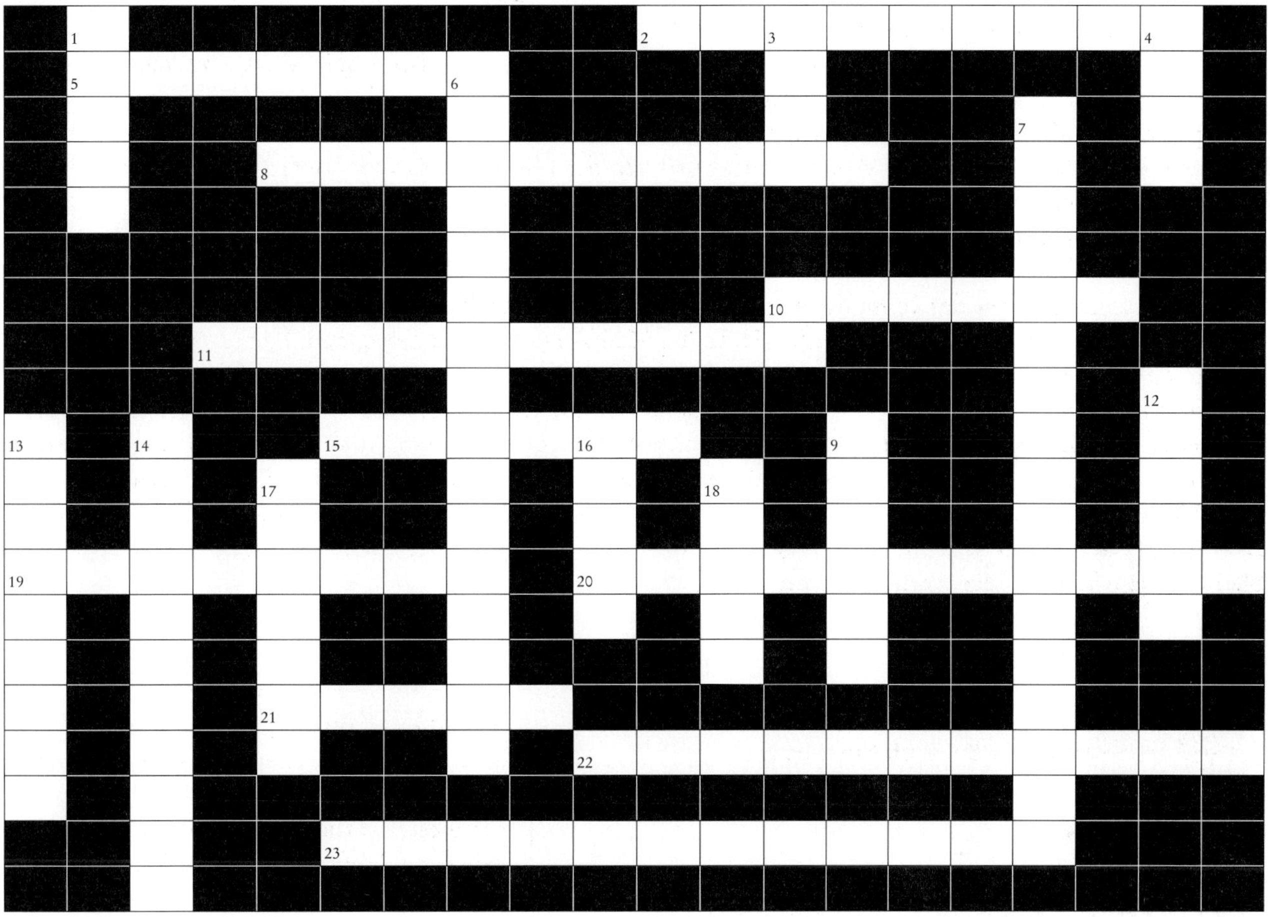

Waagrecht	Senkrecht

Waagrecht

2 Grippeerkrankung (Synonym)

5 Vorbeugung gegen verschiedene Infektionskrankheiten

8 Kinderkrankheit mit kleinen juckenden Bläschen

10 Lippenbläschen

11 gefährliche Kinderkrankheit – dagegen werden schon Babys geimpft

15 bekannte Virusinfektion

19 Überempfindlichkeit des Immunsystems gegenüber bestimmten Stoffen, die normalerweise nicht krank machen

20 Abwehrsystem

21 gelbliches Produkt einer Entzündungsreaktion

22 von Viren befallene Zellen

23 werden von T-Helferzellen aktiviert, um Erreger zu vernichten

Senkrecht

1 Krankheitserreger, aber keine Lebewesen

3 Krankheit, übertragen von Zecken

4 Krankheit, übertragen z. B. durch ungeschützten Geschlechtsverkehr

6 spezielle Plasmazellen, die Informationen über Erreger speichern

7 Makrophagen

9 mit seinen Pocken-Forschungen legte er den Grundstein für alle späteren Impfungen (Nachname)

12 Körpertemperatur über 37,9 °C

13 Gelbsucht

14 passive Immunisierung

16 Kinderlähmung (Fremdwort)

17 Verursacher von Krankheiten, z. B. Bakterien, Viren, Pilze

18 Kinderkrankheit mit „Hamsterbacken“

Station 21: Schüttelworträtsel W

Name: ______________ Klasse: ________ Datum: ________

Aufgabe:

In der linken Spalte sind die Buchstaben von Fachbegriffen zum Thema „Krankheitserreger und Immunsystem“ durcheinandergeraten. Ordnet die Buchstaben und tragt die Begriffe in die rechte Spalte ein. Hinweis: Ä = AE, Ö = OE, Ü = UE

Schüttelwort	Begriff
RORPEENTIAK	
AERKIUMBT	
AAIIIOTTKBN	
EKCONP	
ROLAECH	
LLLLZRKIEEE	
NESEIRZESSFRELLE	
AAKPHEMGRO	
EELLLAAPMZS	
ZNFUELIAN	
SETP	
PHSYTU	
SUNATET	
NGUIERINMMUIS	
NUGPFMLIIEH	
ZUTHCSNGFMUPI	
NNEFKTIOI	
EEIRBF	
OOILP	

Station 22: Wortsuchrätsel W

Name: ______________ Klasse: ________ Datum: ________

Aufgabe:

Im Buchstabenviereck sind 22 Begriffe (waagrecht, senkrecht, von links nach rechts, von rechts nach links, von oben nach unten, diagonal usw.) zum Thema „Krankheitserreger und Immunsystem“ versteckt. Markiert sie.

A	S	E	L	O	R	E	P	R	E	O	K	I	T	N	A	K	G	R	S
G	T	-	H	E	L	F	E	R	Z	E	L	L	E	N	A	C	E	B	C
L	T	I	O	P	C	V	X	Q	W	Z	I	F	V	E	S	Y	D	P	H
I	M	M	U	N	S	Y	S	T	E	M	N	M	W	K	E	Z	A	M	U
N	A	S	D	T	Z	W	A	W	E	R	Q	V	C	K	X	Y	E	F	T
K	G	H	J	K	L	L	I	N	F	E	K	T	I	O	N	Y	C	V	Z
U	G	J	K	A	G	D	A	S	T	D	V	C	X	K	C	Y	H	C	I
B	Y	V	I	B	R	I	O	N	E	N	Y	D	C	B	C	B	T	N	M
A	Y	D	L	A	D	S	A	N	T	I	G	E	N	A	G	F	N	D	P
T	S	A	L	E	R	T	T	W	A	W	W	E	O	K	P	U	I	U	F
I	T	U	E	J	R	Z	T	Z	N	Z	R	E	I	T	E	R	S	E	U
O	R	Z	R	H	G	H	F	S	U	E	F	G	S	E	D	D	Z	L	N
N	E	F	Z	F	S	F	S	A	S	S	D	A	C	R	D	A	E	C	G
S	I	H	E	F	V	I	R	E	N	D	S	H	S	I	A	C	L	M	B
Z	G	B	L	N	V	E	C	M	M	N	B	P	D	E	U	R	L	T	E
E	R	Z	L	Z	J	B	L	J	H	J	F	O	I	N	A	S	E	R	P
I	E	Q	E	W	R	E	C	H	O	L	E	R	A	T	Z	Z	N	J	L
T	L	S	N	A	D	R	R	E	E	R	T	K	Z	U	I	O	V	B	N
E	L	R	N	E	L	L	E	Z	A	M	S	A	L	P	T	R	E	D	T
S	A	F	H	H	S	I	H	E	I	L	I	M	P	F	U	N	G	W	I

Die 22 gefundenen Lösungswörter lauten:

____

____

____

Vortest/Nachtest „Das Immunsystem“ *Lösungen*

1. 1 = Schleimhülle; 2 = Zellwand; 3 = Erbsubstanz (DNA); 4 = Zellplasma; 5 = Geißel

2. Beispielhaft seien aus der großen Vielfalt der Krankheiten genannt:

Bakterienform	**Krankheit**	**Symptome**
stäbchenförmige Bakterien (Bazillen)	Tetanus	Kopfschmerzen, Schwindel, Schweißausbrüche, Gliederzittern, Mattigkeit, Ermüdungserscheinungen, Muskelschmerzen
kommaförmige Bakterien (Vibrionen)	Cholera	starkes Erbrechen, extremer Durchfall, Fieber, Schwächegefühl, Müdigkeit
kugelförmige Bakterien (Kokken)	Scharlach	Schüttelfrost, Fieber, Erbrechen, Rachenentzündung, Bauch- oder Kopfschmerzen
spiralförmige Bakterien (Spirillen, Spirochäten)	Lyme-Borreliose	rote, sich ausweitende Stelle um den Zeckenbiss („Wanderröte“), Müdigkeit, Gliederschmerzen, Muskelbeschwerden

3. Antibiotika (Singular: Antibiotikum) wirken auf unterschiedliche Weise, wobei man drei Gruppen von Antibiotika bzw. Wirkungsweisen unterscheidet:
a) Manche Antibiotika wirken bakteriostatisch, d. h. töten Bakterien nicht ab, hindern sie aber an ihrer Vermehrung.
b) Bakterizide Antibiotika töten Bakterien ab.
c) Bakteriolytische Antibiotika lösen die Zellwand der Bakterienzelle auf und töten das Bakterium dadurch ab.

4. Folgendes ist zu beachten:
a) Nicht gleich bei jeder Erkrankung nehmen (d. h. auch keine Selbstmedikation), da sich leicht resistente Keime entwickeln können.
b) Nur nach Anweisung des Arztes regelmäßig und lange genug einnehmen, auch wenn die Symptome der Erkrankung allmählich abklingen.
c) Nicht „vorbeugend“ nehmen, um die Entwicklung resistenter Keime nicht zu fördern.
d) Bei Unverträglichkeit sofort den Arzt aufsuchen.
e) Möglichst erst dann einnehmen, wenn der Erreger der Erkrankung bestimmt wurde und dem Arzt bekannt ist.
f) Möglichst gezielt einnehmen: Breitbandantibiotika meiden, gezielte Antibiotika bevorzugen.
g) Nicht zu spät, aber auch nicht zu früh mit der Einnahme beginnen.

Wichtiger Hinweis: Wie alle Medikamente haben auch Antibiotika Nebenwirkungen. Die lebenswichtige Darmflora wird geschädigt. Durch den Abbau der Antibiotika wird die Leber erheblich belastet und durch die Ausscheidung der Abbauprodukte die Nieren.

5. a) Beim Arbeiten mit eitererregenden Staphylokokken-Bakterien bemerkte Fleming eher durch Zufall (nachdem seine Assistenten „verunreinigte“ Petrischalen schon aussortiert hatten und wegwerfen wollten), dass die Bakterien auf dem Nährmedium in der Petrischale im Wachstum gehemmt bzw. abgetötet wurden, und zwar durch einen Stoff, der von Schimmelpilzen offenbar in das Nährmedium abgegeben wurde. Fleming untersuchte den vom Schimmelpilz *Penicillium* abgegebenen Stoff genauer, erkannte seine bakterienabtötende Wirkung und nannte den Stoff Penicillin.

b) Das von Fleming entdeckte Penicillin hatte eine antibakterielle Wirkung und konnte auch beim Menschen (z. B. bei eitrigen Wunden, die vor Flemings Arbeiten zum Tod vieler Menschen führten) angewandt werden.
Für die Entdeckung des Penicillins, die neue Wunderwaffe gegen Bakterien, erhielt Alexander Fleming zusammen mit H. Florey und E. Chain, die ein großtechnisches Herstellungsverfahren für Penicillin entwickelten, im Jahr 1945 den Nobelpreis für Medizin.

6. 1) Erbsubstanz (DNA oder RNA) 2) Proteine (Eiweißstoffe)

7. 1) kein Stoffwechsel 2) keine Fortpflanzung
3) keine Reizbarkeit 4) keine aktive Fortbewegung

8. Infektion: Unter einer Infektion versteht man die Aufnahme von Krankheitserregern (z. B. über die Atemluft, mit dem Essen), was zu einer Erkrankung führen kann.

Inkubationszeit: Die Inkubationszeit ist die Zeit von der Aufnahme der Krankheitserreger (z. B. mit dem Essen) bis zum Ausbruch der Erkrankung. Die Inkubationszeit ist von Person zu Person und von Erreger zu Erreger leicht unterschiedlich. Während der Inkubationszeit vermehren sich die Krankheitserreger im Körper bzw. werden vom Körper vermehrt.

9. 1 B; 2 V; 3 V; 4 B; 5 V; 6 B; 7 V; 8 V; 9 V

10. Bei der Tröpfcheninfektion erfolgt die Ansteckung durch kleine Flüssigkeitströpfchen (mit darin enthaltenen Krankheitserregern), z. B. beim Sprechen, Niesen und Husten ohne Hand vor dem Mund.
Beispiele für Krankheiten, die über Tröpfcheninfektion übertragen werden: Grippe (Influenza), Lippenherpes, Keuchhusten, Windpocken.

11. a) 4; 3; 5; 1; 2 b) aktive Immunisierung (Schutzimpfung)

12.

	1. Impfungsart	2. Impfungsart
Name der Impfung	Schutzimpfung	Heilimpfung
Was wird geimpft?	(abgeschwächte oder abgetötete) Erreger	Antikörper
Wann wird die Impfung eingesetzt?	zur Vorbeugung und zum Langzeitschutz	zur schnellen Hilfe, wenn die Krankheit (z. B. Lungenentzündung) bereits ausgebrochen ist
Immunisierung erfolgt ...	aktiv (-> aktive Immunisierung)	passiv (-> passive Immunisierung)

13. a) Gedächtniszellen: speichern Informationen über Krankheitserreger und beschleunigen bei einem Folgekontakt mit dem Krankheitserreger die Abwehrreaktion des Körpers.
b) Makrophagen: fressen eingedrungene Krankheitserreger oder abgestorbene Zellen auf; informieren T-Helferzellen.
c) Killerzellen: töten Zellen ab, die von Krankheitserregern befallen sind.
d) T-Helferzellen: informieren Killerzellen und Plasmazellen.

Joker 1 ☺: Eiter ist eine dünn- bis zähflüssige, gelbliche bis grüne, meist unangenehm riechende Flüssigkeit. Eiter besteht vor allem aus Abwehrzellen und Krankheitserregern, die z. T. schon unschädlich gemacht sind.
Joker 2 ☺: Die erhöhte Körpertemperatur ist ein Warnsignal für uns, dass irgendetwas im Körper „nicht ganz stimmt". Wir sollten darauf sensibel reagieren und auf weitere Warnsignale achten.
Bei erhöhter Temperatur laufen außerdem die chemischen Reaktionen im Körper und somit auch die Bildung von Antikörpern schneller ab als bei normaler Körpertemperatur.

Station 1: Gesund oder krank? *Lösungen*

Hinweis zu den Aufgaben 1, 2 und 3 (Teil 1) und 1 (Teil 2): Die Angaben/Ergebnisse schwanken von Schüler zu Schüler, von Klasse zu Klasse etc. und sind auch abhängig vom Alter und den Vorerfahrungen der Lernenden.

Teil 1: Einzelarbeit

1. Vermutlich werden die Schüler u. a. folgende „Merkmale" notieren: fit, nicht krank, kein Fieber, es geht jemandem gut, jemand ist glücklich, keine Schmerzen, nicht im Krankenhaus, nicht bettlägrig, braucht keine Medikamente etc.

2. Vermutlich werden von den Schülern u. a. folgende Merkmale genannt: Kopfschmerzen, Fieber, Medikamente erforderlich, Schmerzen, Operation, Krankenhausaufenthalt bzw. Arztbesuch notwendig, nicht gesund, nicht leistungsfähig, bettlägerig etc.

3. Schüler fühlen sich größtenteils gesund, weil sie zur Schule gehen können, Sport treiben können, sich gut fühlen, keine Medikamente einnehmen müssen, fit sind, keine Beschwerden haben, das Essen schmeckt, nirgends der Schuh drückt etc.

Teil 2: Partner- oder Kleingruppenarbeit

1. s. Hinweis oben

2. Vermutlich werden sich viele/die meisten Schüler dafür entscheiden, dass nur die Schüler in den Fallbeispielen 3, evtl. auch 4, krank sind. Dieser Entscheidung liegt das Alltagsverständnis von „gesund" und „krank" zugrunde.

3. Laut WHO ist „gesund" bzw. „krank" sehr subjektiv zu sehen, d. h. nur die betroffene Person selbst kann entscheiden, ob sie gesund oder krank ist.
Hinweis: Diabetiker (Zuckerkranke), Blinde oder mongoloide Menschen können sich durchaus gesund fühlen, wenn sie sich gut fühlen, mit ihrer Situation gut zurechtkommen und auf ein tragfähiges soziales Netz (z. B. Familie, Freunde, Nachbarn) bauen können.

Station 2: Bakterien *Lösungen*

1. 1 = Schleimhülle; 2 = Zellwand; 3 = Erbsubstanz (DNA); 4 = Zellplasma; 5 = Geißel

2.
- Merkmale von Bakterien: einzellig, DNA als Erbsubstanz (Ringchromosom), oft begeißelt
- Größe: ca. $\frac{1}{1000}$ mm (d. h. zugehörig zu den Mikroorganismen)
- Vermehrung: durch Zellteilung (Querteilung)
- Besonderheiten: Sie können „harte Zeiten" in sehr widerstandsfähigen Sporen lange überdauern; zählen zu den ältesten Lebewesen auf der Erde; allein in unserem Mund leben ca. 10^{10} Bakterien, im Darm ca. 10^{14}; der Großteil der Bakterien ist nützlich (d. h. nur ein relativ geringer Teil der Bakterien ist für uns schädlich).

3. Beispielhaft seien folgende **Krankheiten** genannt und den Bakterienformen zugeordnet:

Bakterienform	**Krankheit**	**Symptome**
stäbchenförmige Bakterien (Bazillen)	Tetanus	Kopfschmerzen, Schwindel, Schweißausbrüche, Gliederzittern, Mattigkeit, Ermüdungserscheinungen, Muskelschmerzen
kommaförmige Bakterien (Vibrionen)	Cholera	starkes Erbrechen, extremer Durchfall, Fieber, Schwächegefühl, Müdigkeit
kugelförmige Bakterien (Kokken)	Scharlach	Schüttelfrost, Fieber, Erbrechen, Rachenentzündung, Bauch- oder Kopfschmerzen
spiralförmige Bakterien (Spirillen, Spirochäten	Lyme-Borreliose	rote, sich ausweitende Stelle um den Zeckenbiss („Wanderröte"), Müdigkeit, Gliederschmerzen, Muskelbeschwerden

---

Station 3: Robert Koch – der Vater der Bakteriologie *Lösungen*

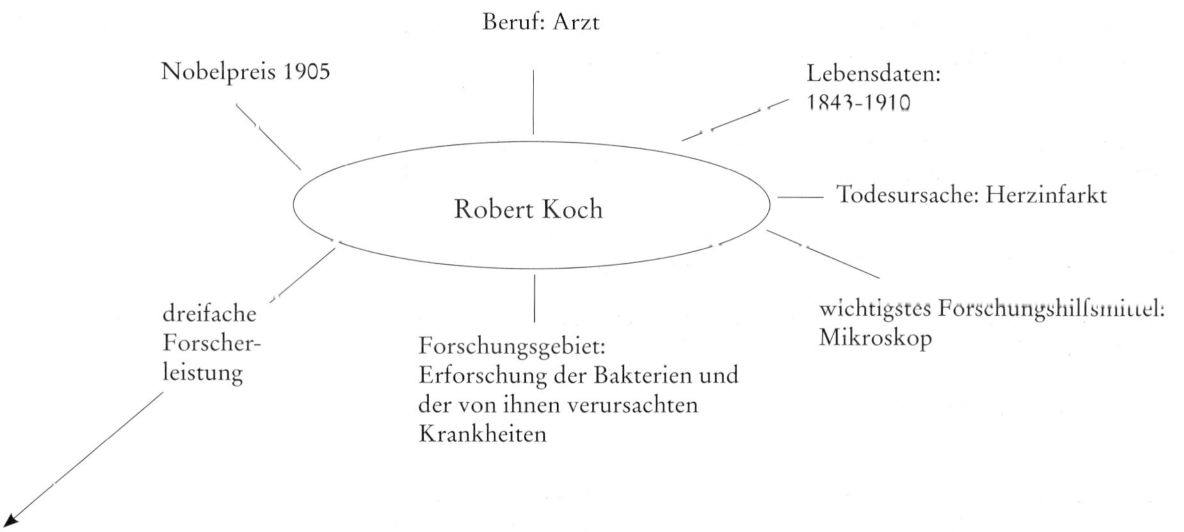

- Entdeckung und Beschreibung von Bakterien als Ursache bestimmter Infektionskrankheiten (z. B. Tuberkulose)
- Entwicklung von Anfärbetechniken zum leichten Sichtbarmachen von Bakterien
- Entwicklung eines Nährmediums zum einfachen Züchten von Bakterien (Nähragar)

2. In der Zeit vor Robert Koch wusste man nichts (oder zumindest nichts Genaues) über die Ursachen von Infektionskrankheiten; deshalb gab es auch keine Behandlungsmöglichkeiten.

3. Louis Pasteur (*27. Dezember 1822 in Dole im Département Jura; † 28. September 1895 in Villeneuve-L'Etang bei Paris)

4. Nach Kochs Auffassung verursachten (oftmals) nicht die Krankheiten den Tod eines Menschen, sondern die sehr umstrittene „Kunst" der Ärzte: Sie kannten die Ursachen der Krankheiten nicht und konnten daher auch nichts dagegen unternehmen, d. h. sie nicht heilen.

Station 4: Alexander Fleming entdeckt das Penicillin *Lösungen*

1. Fleming beobachtete das ungewöhnliche Wachstum von Bakterien auf einem Nährboden: Er erkannte, dass durch einen Stoff (Penicillin), der von Schimmelpilzen (Penicillium) abgegeben wird, das Bakterienwachstum gehemmt wird. Die antibakterielle Wirkung von Penicillin konnte Fleming an zahlreichen Bakterienarten nachweisen.

2. Einige Schritte/Stationen:
- 1828: Fleming erkennt, beobachtet und erforscht das sonderbare Bakterienwachstum auf kontaminierten Nährböden.
- 1929: Fleming identifiziert das Penicillin, benennt den Stoff und veröffentlicht seine wissenschaftlichen Erkenntnisse in einer britischen Fachzeitschrift.
- 1930–1940: Fleming gelingt es nicht, großtechnisch Penicillin (u. a. für die Erprobung der antibakteriellen Wirkung am Menschen) herzustellen. Die Ärzteschaft damals zeigte – leider – sehr wenig Interesse an Flemings Entdeckung, weil sie deren Bedeutung nicht erkannte.
- 1940: Florey und Chain gelingt es in Oxford (England), die chemische Struktur von Penicillin zu entschlüsseln und ein großtechnisches Verfahren für die Penicillinproduktion zu entwickeln.
- Ab 1942 stehen größere Penicillinmengen zur Erprobung an zahlreichen Menschen zur Verfügung; die „Versuche am Menschen" verlaufen sehr erfolgreich.
- Ab 1950 wird Penicillin weltweit eingesetzt.

3. Fleming hatte schon damals erkannt, dass Antibiotika zu Resistenzen bei Mikroorganismen führen können und die „Waffe Antibiotika" schnell stumpf werden kann, wenn Antibiotika nicht sachgerecht angewandt werden.

4. Folgendes ist zu beachten:
a) Nicht gleich bei jeder Erkrankung nehmen (d. h. auch keine Selbstmedikation), da sich leicht resistente Keime entwickeln können.
b) Nur nach Anweisung des Arztes regelmäßig und lange genug einnehmen, auch wenn die Symptome der Erkrankung allmählich abklingen.
c) Nicht „vorbeugend" nehmen, um die Entwicklung resistenter Keime nicht zu fördern.
d) Bei Unverträglichkeit sofort den Arzt aufsuchen.
e) Möglichst erst dann einnehmen, wenn der Erreger der Erkrankung bestimmt wurde und dem Arzt bekannt ist.
f) Möglichst gezielt einnehmen: Breitbandantibiotika meiden, gezielte Antibiotika bevorzugen.
g) Nicht zu spät, aber auch nicht zu früh mit der Einnahme beginnen.

Wichtiger Hinweis: Wie alle Medikamente haben auch Antibiotika Nebenwirkungen. Die lebenswichtige Darmflora wird geschädigt. Durch den Abbau der Antibiotika wird die Leber erheblich belastet und durch die Ausscheidung der Abbauprodukte die Nieren.

Station 5: Krankheiten durch Bakterien – Beispiel: Salmonellose *Lösungen*

2. c)
- Händewaschen mit Seife, damit sich eventuelle Erreger nicht weiter übertragen können.
- Lückenlose Kühlkette, damit sich die Salmonellen nicht vermehren.
- Auf das Mindesthaltbarkeitsdatum achten: Je älter die Lebensmittel sind, desto leichter / länger können sich darin Bakterien vermehren.
- Auftauen: Im Auftauwasser sind mitunter Salmonellen, die sich in der Wärme schnell vermehren; darum sollte man Fleisch nicht im Auftauwasser liegen lassen.
- Hygiene bei der Zubereitung: So werden ggf. vorhandene Bakterien abgewaschen und abgetötet.
- Salmonellengefährdete Lebensmittel frisch verwenden, nicht lange stehen lassen, sonst können sich die Salmonellen stark vermehren.
- Eier: Falls roh verwendet, immer ganz frische Eier verwenden, da in frischen Eiern ggf. vorhandene Bakterien wenig Chancen zur Vermehrung haben.

4. Das simulierte Interview könnte etwa nach folgendem Prinzip ablaufen:

<u>Ursache:</u>
Frage: Immer wieder liest man in der Zeitung von Salmonellenerkrankungen. Was ist die Ursache der Erkrankung?
Antwort des Experten: Salmonellose ist eine durch bestimmte Bakterien (Stäbchenbakterien) verursachte Erkrankung. Damit es zu einer Salmonellenerkrankung kommt, müssen Salmonellenbakterien in den Körper gelangen – und zwar in so großen Mengen, dass das Immunsystem im Augenblick überfordert ist.

<u>Infektionsweg:</u>
Frage: Wie gelangen die Salmonellen in den Körper?
Antwort: Die Infektion erfolgt über die Nahrung. Mangelnde Hygiene bei der Nahrungszubereitung von schon infizierten Lebensmitteln ist der Hauptgrund. Beispiel: Hackfleisch wird nicht lange genug gebraten, alte Eier werden nicht stark genug erhitzt.

<u>Risikogruppen:</u>
Frage: Warum treten Salmonelleninfektionen in Seniorenheimen oder Kindergärten auf?
Antwort: Kleine Kinder und ältere Menschen haben kein besonders starkes Immunsystem. Auch Schwangere können betroffen sein. Jedoch können alle Menschen Salmonellose bekommen, auch gesunde Erwachsene. Es ist möglich, dass jemand eine Salmonelleninfektion gar nicht bemerkt, keine Symptome zeigt, nicht erkrankt und dennoch Überträger von Salmonellen ist.

<u>Ebenso:</u>
Symptome: Brechdurchfall, Erbrechen, Kopf- und Bauchschmerzen, Fieber, im schlimmsten Fall Tod.

<u>Behandlungsmöglichkeiten:</u> reichlich Wasser- und Salzzufuhr, Stärkung des Immunsystems, Antibiotika
Hinweis: auf jeden Fall einen Arzt rufen; Salmonelleninfektionen sind meldepflichtig, da sich die Infektion schnell ausbreiten kann.

<u>Prävention:</u> siehe Plakat Seite 20

Station 6: Von Bakterien verursachte Krankheiten – Beispiel Tetanus (Wundstarrkrampf) *Lösungen*

Lösungswort: INKUBATIONSZEIT

Station 7: Kreuzworträtsel „Bakterien" *Lösungen*

Waagrecht: 1 KOKKEN; 3 CHOLERA; 5 ANTIBIOTIKA; 8 INKUBATIONSZEIT; 9 MIKROSKOP; 13 TETANUS; 14 KRANK; 16 PENICILLIN; 17 KONTAMINIERT; 18 SPIRILLEN; 19 VIBRIONEN; 20 INFEKTION

Senkrecht: 2 ERBSUBSTANZ; 4 HYGIENE; 6 LUNGENENTZÜNDUNG; 7 SYMPTOME; 10 PETRISCHALE; 11 BAZILLEN; 12 SALMONELLEN; 15 BAKTERIEN

Station 8: Grippe *Lösungen*

1. Folgende Merkmale (Symptome) sind typisch für eine Grippeerkrankung: Müdigkeit, Mattigkeit, Gliederschmerzen (Gelenk- und Muskelschmerzen), Fieber, Frösteln, Halsschmerzen, Husten

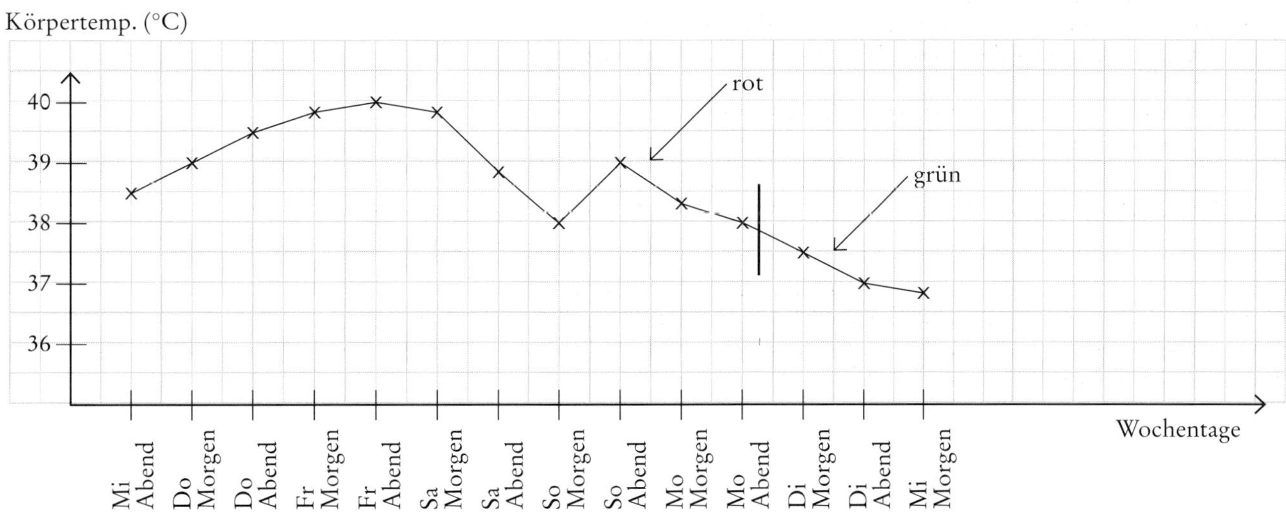

3. Die Erreger der Grippeerkrankung (Influenza) sind winzige Viren (Influenzaviren) mit einem Durchmesser von 70–90 nm (1 nm = 10^{-9} m = 0,000 000 001 m).

4. Der Steckbrief könnte wie folgt aussehen:

Krankheit: Grippe (Influenza)
Erreger: Grippeviren; Ansteckung (Infektion): Tröpfcheninfektion
Inkubationszeit: 1 bis 5 Tage; Symptome: hohes Fieber, Schüttelfrost, Husten, Schnupfen, Kopf- und Gliederschmerzen; Besonderheiten: Grippeviren verändern sich ständig, deshalb muss jährlich neu geimpft werden.

Station 9: Aufbau eines Virus und Virenvermehrung *Lösungen*

1. a) s. nebenstehende beschriftete Skizze

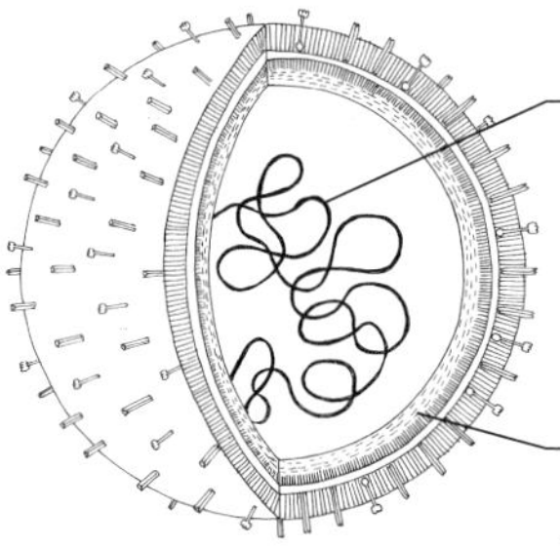

b) Eiweiß (Proteinhüllen; Capsid) und Erbsubstanz (DNA oder RNA), bei manchen Viren zusätzlich: Fett in der Hülle

c) Viren sind keine Lebewesen, denn Viren ...
- haben keinen eigenen Stoffwechsel,
- können sich nicht aktiv bewegen,
- können sich nicht selbst vermehren,
- können sich nicht fortpflanzen und
- können nicht auf die Reize ihrer Umwelt reagieren.

d) Viren sind viel zu klein (manche sind nur 10 nm groß, andere, wie das HIV, immerhin 100 nm), um sie mit dem Lichtmikroskop sichtbar zu machen.

2. G R I P P E

Station 10: Von Viren verursachte Erkrankungen *Lösungen*

Name der Krankheit	Erreger	Übertragung	Inkubationszeit	Krankheitsverlauf	Besonderheiten
Kinderlähmung (Poliomyelitis, Polio)	Polio-Virus	meist über den Mund durch Schmierinfektion, selten Tröpfcheninfektion (Schmutz- und Schmierinfektion)	5–17 Tage	Erbrechen, hohes Fieber, Müdigkeit, Kopf- und Gliederschmerzen --> nach einigen Wochen Lähmungserscheinungen (v.a. in den Beinen)	oft lebenslange Lähmungen
Tollwut	Tollwut-Virus	meist durch Bisse von Tieren, die mit dem Virus infiziert sind	14–180 Tage	Kopfschmerzen, Schlaflosigkeit, Angstgefühle, hoher Speichelfluss -> Tobsuchtsanfälle -> Herz- oder Atemlähmung -> Tod	Ratten und Füchse sind gelegentlich infiziert; diese können durch Bisse Katzen und Hunde infizieren; an Tollwut erkrankte Tiere verlieren oft die Scheu vor dem Menschen
Gelbsucht (Hepatitis A)	Hepatitis-A-Virus	meist durch verunreinigte Lebensmittel	2–60 Tage	Fieber, Appetitlosigkeit, Gelbfärbung von Haut und Schleimhäuten -> Abklingen der Symptome nach einigen Wochen	Hepatitis B (eine andere Art der Gelbsucht) wird durch infiziertes Blut übertragen; Spätfolgen: Leberschäden, oft mit tödlichem Ausgang

Name der Krankheit	Erreger	Übertragung	Inkubationszeit	Krankheitsverlauf	Besonderheiten
Röteln	Röteln-Virus	Tröpfcheninfektion	14–21 Tage	Fieber; gerötete, sich auf Extremitäten und Rumpf ausbreitende Flecken; Lymphknotenschwellung an Hinterkopf, Nacken und Ohren	rote Flecken gehen nach 1 bis 3 Tagen wieder zurück
Masern	Masern-Virus	direkter Körperkontakt oder Tröpfcheninfektion	10–14 Tage	Übelkeit, hohes Fieber, Hals- und Kopfschmerzen, Lymphknotenschwellungen	teilweise Fieber bis 41 °C; bei Erwachsenen verläuft die Krankheit schwerer als bei Kindern
Windpocken	Windpocken-Virus	direkter Kontakt oder Tröpfcheninfektion	10–21 Tage	Fieber, juckender rötlicher Hautausschlag mit kleinen Bläschen, Kopf- und Gliederschmerzen	Krankheit klingt nach 3 bis 5 Tagen meist ab; i. d. R. lebenslange Immunität nach durchgemachter Krankheit

Station 11: Viren sind anders — *Lösungen*

1. a) **Vorzüge:** sehr anschaulich, Hülle (Tischtennisball) und Erbsubstanz (Wollfaden) gut unterscheidbar, leicht nachzubauen

   Nachteile (Grenzen): starres (statisches) Modell, Besonderheiten der Virusoberfläche nicht darstellbar, unterschiedliche Virustypen nicht zu veranschaulichen

   b) Ein besseres Modell könnte z. B. das folgende sein: Eine Plexiglaskugel (= Proteinhülle), in der sich ein Wollfaden (= Erbsubstanz) befindet. Auf der Plexiglaskugel sind mit Knete einzelne Erhebungen angebracht.

2. a) 1) Virus, 2) Virus, 3) Bakterium, 4) Bakterium
   b) 1) Grippe (Grippevirus 100 nm) 2) Mumps (Mumpsvirus 220 nm)
   Hinweis: 1 nm (Nanometer) = 10^{-9} m

   c) sind keine Lebewesen, bestehen nur aus Proteinhülle und Erbsubstanz, können nicht sterben (nur Lebewesen können sterben)

Station 12: Gefürchtete virale Infektionskrankheiten – FSME, Hepatitis — *Lösungen*

	Frühsommer Meningoenzephalitis (**FSME**; Frühsommer-Hirnhautentzündung)	**Virus-Hepatitis** (Gelbsucht), bei uns v. a. Hepatitis B und C
Erreger und deren Überträger	FSME-Viren, übertragen durch Stich von infizierten Zecken („Holzbock“)	Hepatitis-Viren a) Hepatitis-B-Virus b) Hepatitis-C-Virus
Infektionsweg	Stich einer mit Viren infizierten Zecke	Hepatitis B: Blut oder andere Körperflüssigkeiten (s.u.) Hepatitis C: s. Hepatitis B (Urin, Speichel, Samenflüssigkeit, Muttermilch)
Inkubationszeit	2–20 Tage	Hep. B: 30–180 Tage Hep. C: 20–60 Tage

	Frühsommer-Meningoenzephalitis (**FSME**; Frühsommer-Hirnhautentzündung)	**Virus-Hepatitis** (Gelbsucht), bei uns v.a. Hepatitis B und C
Symptome	nur etwa 10–20 % der Infizierten zeigen Symptome: grippeähnliche Symptome wie Fieber, Kopf- und Gliederschmerzen; teilweise nach 1 Woche ohne Fieber; zweite Fieberwelle mit z. T. Lähmungen, Bewusstseinsstörungen	Hep. B: Gelbfärbung der Haut, dunkler Urin, Gliederschmerzen, Schmerzen im Oberbauch, Übelkeit, Erbrechen und Durchfall Hep. C: bei nur ca. 10 % der Infizierten grippeähnliche Symptome (s. auch bei Hep. B)
Gefährlichkeit der Erkrankung	bei 10–20 % der Infizierten recht gefährlich mit teilweise lebenslangen Schäden (v.a. Lähmungen)	bei 20–30 % der Erkrankten recht gefährlich mit teilweise lebenslangen Schäden wie Leberzirrhose und Leberkrebs
Besondere Risikogebiete	in Deutschland: vor allem Süddeutschland (aber auch in der Schweiz, in Österreich usw.)	weltweit verbreitet
Wie kannst du dich schützen?	Körper nach Wanderungen nach Zecken absuchen	Kontakt mit Blut und anderen Körperflüssigkeiten meiden
Impfung möglich? (ja/nein)	ja; aktive Immunisierung durch dreimalige Impfung	ja; Impfung schon in jungen Jahren sehr empfehlenswert
Besonderheiten der Erkrankung	nur 10–20 % der Infizierten erkranken; teilweise lebenslange Schäden **Hinweis:** Die ebenfalls von Zecken übertragenen Borreliose-Erreger sind Bakterien; eine aktive Immunisierung ist derzeit (Stand 2010) noch nicht möglich.	nur 10–30 % der Infizierten erkranken

3. Sowohl die FSME als auch Hepatitis werden durch **Viren** verursacht. Bakterien sind etwa 100-mal kleiner als Pflanzenzellen; **Viren** sind etwa 100-mal kleiner als Bakterien.

	Bakterien	**Viren**
Stoffwechsel (ja/nein)	ja	nein
Reizbarkeit (ja/nein)	ja	nein
Fortpflanzung (ja/nein)	ja	nein
aktive Bewegung (ja/nein)	ja	nein
Erbsubstanz (ja/nein)	ja	ja
Lebewesen (ja/nein)	ja	nein

Station 13: Kinderlähmung (Poliomyelitis, kurz: Polio) *Lösungen*

1. a) hohes Fieber, Kopf- und Gliederschmerzen, Muskellähmungen (insbesondere in den Beinen)

b) kugelförmige Polio-Viren (25 nm)

c) Die Viren schädigen insbesondere Nerven- und Muskelzellen und können zu schweren Lähmungen führen; ist von der Lähmung die Atemmuskulatur betroffen, so kann es zum Tod durch Ersticken kommen.

d) Polio kann zu lebenslangen schweren Lähmungen insbesondere der Beine und sogar zum Tod durch Ersticken führen, wenn die Atemmuskulatur betroffen ist.

2. Mögliche Vermutungen können sein: verbesserte Hygiene, bessere Ernährung, eingeführte Impfungen u.a.m.

In der damaligen DDR wurde 1960 die Schluckimpfung gegen Polio eingeführt, in der BRD erst 1962. Die Zahl der Neuinfektionen ging sofort nach Einführung der Impfungen (sehr) stark zurück.

3. Antibiotika wirken nur gegen Lebewesen; da die Polio-Erreger Viren sind, also keine Lebewesen, können sie nicht mit Antibiotika bekämpft werden.

4. In Deutschland und anderen europäischen Ländern wird gegen Polio seit den 60er Jahren geimpft; in den meisten Entwicklungsländern stecken flächendeckende Impfungen noch in den Kinderschuhen.

5. Jonas Salk (1914–1995): US-amerikanischer Arzt und Immunologe, entwickelte 1955 erfolgreich einen Polio-Impfstoff gegen Kinderlähmung, zahlreiche Auszeichnungen

   Albert Sabin (1906–1993): US-amerikanischer Arzt und Immunologe, entwickelte 1960 die Schluckimpfung gegen Polio auf Grundlage der Vorarbeiten von Sabin, zahlreiche Auszeichnungen

---

Station 14: HIV – gebt Aids keine Chance! *Lösungen*

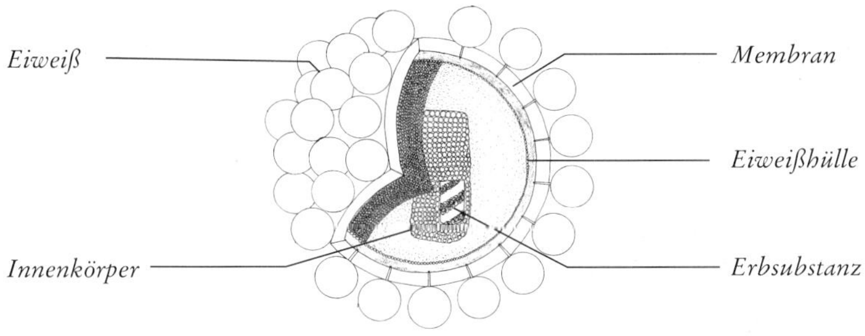

Abb.: HI-Virus (Schema)

2. a) HIV: engl. **H**uman **I**mmunodeficiency **V**irus (Menschliches Immundefekt-Virus), d. h. Virus, welches das menschliche Immunsystem (meist dauerhaft) lahmlegt, indem es bestimmte Zellen des Immunsystems schwer schädigt oder zerstört. Das HI-Virus wurde 1983 entdeckt. Anfang 2010 waren nach Schätzungen der WHO etwa 50 Millionen Menschen weltweit mit HIV infiziert, wobei ein besonderer Schwerpunkt in Afrika liegt. Dort sind in manchen Städten bis zu 60 % der Menschen HIV-Träger.
   b) Aids: engl. **A**cquired **I**mmune **D**eficiency **S**yndrome (erworbenes Immundefekt-Syndrom)

3. Das HI-Virus wird nach derzeitigem Kenntnisstand der Wissenschaft nur über Körperflüssigkeiten (Blut, Sperma, Vaginalsekret, Muttermilch sowie Hirn- und Rückenmarksflüssigkeit) übertragen.

4. Die häufigsten Infektionswege sind: ungeschützter Geschlechtsverkehr, Bluttransfusionen, Muttermilch, Benutzung unsteriler Spritzen bei intravenösem Drogenkonsum, seltener: Tränenflüssigkeit.

5. Kein ungeschützter Geschlechtsverkehr, keine Nutzung unsteriler Spritzen, keine Muttermilch von HI-Infizierten bzw. Aids-Kranken für Kinder; Schutzhandschuhe beim Berühren von Blut verwenden (z. B. bei der Behandlung eines Verletzten oder im Arztlabor bei der Blutuntersuchung).

6. Eine unbehandelte HIV-Infektion führt spätestens nach wenigen Jahren zum Tod. Die für die Immunantwort wichtigen T-Helferzellen nehmen bei HIV-Infizierten kontinuierlich ab, was zu einer Schwächung des Immunsystems führt. Durch moderne Behandlungsmethoden kann der Ausbruch von Aids teilweise über 10 Jahre und mehr hinausgezögert werden. Genetische Faktoren spielen im Hinblick auf die Gefährlichkeit einer HIV-Infektion eine wichtige, bislang allerdings wissenschaftlich noch weitgehend unbekannte Rolle.

7. Im Falle einer HIV-Infektion kann man im Blut, im Urin und in Geweben schon wenige Wochen nach der Infektion spezifische Antikörper gegen HIV nachweisen. In der Öffentlichkeit wird eine derartige Untersuchung oft „Aids-Test" genannt, was so nicht korrekt ist, denn ein HIV-Infizierter hat nicht automatisch sofort Aids. Manchmal dauert es über 20 Jahre, bis die Krankheit ausbricht.

8. Jedes Jahr am 1. Dezember ist Welt-Aids-Tag. Dieser Tag soll in besonderer Weise – auch in den Schulen – dazu genutzt werden, das wichtige Thema HIV/Aids zu besprechen und bewusst zu machen, dass man sich vor einer HIV-Infektion durch besondere Vorsichtsmaßnahmen schützen kann. Auch der verantwortliche Umgang mit HIV-Infizierten und Aids-Kranken soll thematisiert werden.

Station 15: Das Abwehrsystem unseres Körpers im Überblick *Lösungen*

	unspezifische Abwehr	spezifische Abwehr
Richtet sich gegen ...	körperfremde Stoffe, Krankheitserreger, entartete Zellen	körperfremde Stoffe, Krankheitserreger, entartete Zellen (z. B. Krebszellen)
Angeboren? (ja/nein)	ja	nein, d. h. entwickelt sich erst nach der Geburt
Zur ... gehören folgende Schutzmechanismen/Bestandteile:	Haut, Schleimhäute (z. B. in Nase, Mund, Rachen, Atemwegen, Magen), Schleim, Magensäure (verdünnte Salzsäure), Speichel, Tränenflüssigkeit, saure Ausscheidungen der Talg- und Schweißdrüsen, Makrophagen (Fresszellen), weiße Blutkörperchen	Makrophagen (Fresszellen), spezifische Antikörper gegen bestimmte Krankheitserreger, weiße Blutkörperchen
Besonderheiten	das unspezifische Abwehrsystem wirkt vor allem an der Körperoberfläche; ist bereits vor der Geburt vorhanden und arbeitet bis zum Lebensende	das spezifische Abwehrsystem wirkt im Körperinneren (Blut, Gewebe, Lymphsystem); jeder Typ von Antikörpern wirkt nur gegen ein bestimmtes Antigen; System entwickelt sich in den ersten Lebensmonaten und verfeinert sich immer weiter im Laufe unseres Lebens (d. h. ist sehr lernfähig)

2. Unspezifische und spezifische Abwehr bilden ein gutes, aufeinander eingespieltes „Eingreifteam". Während das unspezifische Abwehrsystem schon vor der Geburt vorhanden und nicht sonderlich spezifisch ist, entwickelt sich das gezielt wirksame spezifische Abwehrsystem erst in den Monaten nach der Geburt und verhindert, dass wir viele Krankheiten mehrmals in unserem Leben bekommen.

Station 16: Spezifische Immunreaktion und Immungedächtnis *Lösungen*

7	Die Antigen-Antikörper-Komplexe werden von Riesenfresszellen (Makrophagen) aufgefressen und verdaut oder als Eiter ausgeschieden.
3	T-Helferzellen aktivieren Killerzellen, die Wirtszellen mit Erregern auffressen und auf diese Weise vernichten.
5	Die Wirtszellen platzen und die neu gebildeten Viren werden frei und können neue Körperzellen befallen.
4	Nicht von Killerzellen aufgefressene (d. h. nicht unschädlich gemachte) Viren werden in Wirtszellen vermehrt.
2	Die Makrophagen informieren T-Helferzellen über die Erreger.
6	Die körpereigenen, ganz spezifisch wirkenden Antikörper (Abwehrstoffe) binden die Antigene (Krankheitserreger).
1	Die meisten Viren (Krankheitserreger) werden von Riesenfresszellen (Makrophagen) aufgefressen.

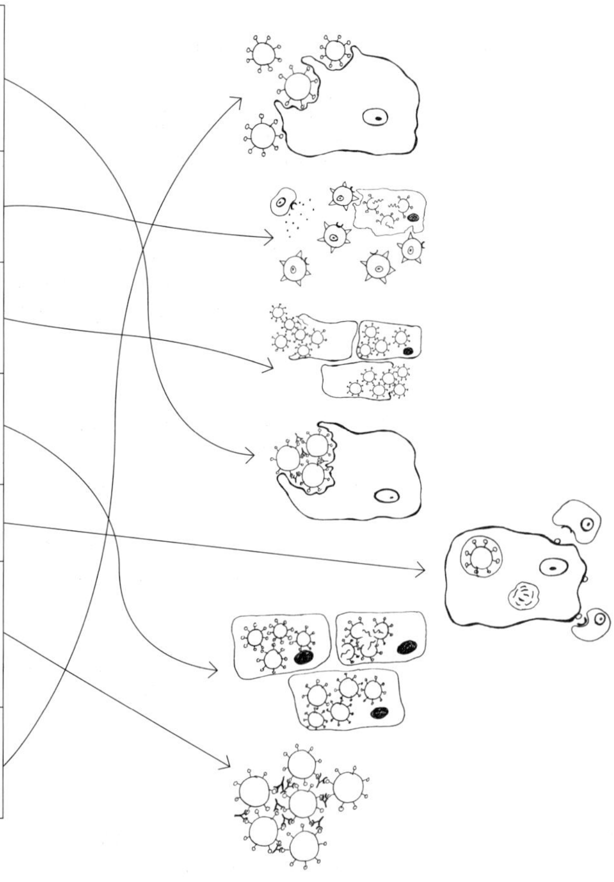

2	Aktivierte T-Helferzellen informieren Plasmazellen über die Antigene und aktivieren die Plasmazellen.
1	Inaktive T-Helferzellen werden durch Antigene (z. B. Virenbestandteile) aktiviert.
4	Plasmazellen wandeln sich in **Gedächtniszellen** um und speichern Informationen über die Erreger, sodass bei einer Zweitreaktion sehr schnell spezifische Antikörper gebildet werden können.
5	Viele von den Plasmazellen gebildete und freigesetzte Antikörper reagieren mit den Antigenen nach dem Schlüssel-Schloss-Prinzip zu Antigen-Antikörper-Komplexen; diese werden von Makrophagen gefressen und auf diese Weise beseitigt.
3	Aktivierte Plasmazellen bilden genau zum Antigen passende Antikörper (eine einzige Plasmazelle bildet bis zu 2 000 Antikörpermoleküle pro Sekunde!).

Station 17: Aktive Immunisierung („Schutzimpfung“) *Lösungen*

1. Der englische Arzt Jenner beobachtete schon im 18. Jahrhundert, dass Milchmägde und Stallknechte gelegentlich an Kuhpocken erkrankten. Die Krankheit verläuft relativ harmlos und die Symptome (leichtes Fieber, eitrige Hautbläschen insbesondere an den Händen) verschwinden bereits nach einigen Tagen. Ferner stellte er fest, dass nach durchgemachter Erkrankung die betreffenden Personen nicht mehr an den gefürchteten Pocken erkrankten. Personen, die die Kuhpocken nicht durchgemacht hatten, erkrankten in der Regel an den Pocken. Aus diesen Beobachtungen schloss Jenner, dass sich der Körper aufgrund der Kuhpockenerkrankung gegen Pocken gewappnet haben musste.

2. Jenner wagte im Jahre 1796 folgendes Experiment am Menschen: Er infizierte absichtlich einen gesunden Jungen mit Kuhpocken. Der Junge erkrankte leicht an Kuhpocken und fühlte sich nach wenigen Tagen wieder gesund. Einige Monate später infizierte Jenner diesen Jungen mit den gefährlichen echten Pocken – der Junge erkrankte nicht. Damit – und mit zahlreichen Versuchen an anderen Testpersonen – konnte Jenner den Beweis erbringen, dass durch eine Impfung mit Kuhpocken ein Schutz gegen echte Pocken aufgebaut wird.

3. Bei der aktiven Immunisierung, auch Schutzimpfung genannt, bildet der Körper gegen die eingeimpften Krankheitserreger-Antigene selbst spezifische Antikörper (deshalb: aktive Immunisierung) und ist so künftig gegen die Krankheit nicht selten ein Leben lang geschützt. Die heutigen Schutzimpfungen gehen auf Jenners Forschungsarbeit über Kuhpocken / echte Pocken zurück.

4. Ab Mitte des 20. Jahrhunderts wurden zunehmend mehr Menschen gegen die echten Pocken geimpft – und das weltweit. Dies führte dazu, dass in den späten 70er Jahren des vergangenen Jahrhunderts keine Pockenfälle mehr auftraten – trotz fehlender flächendeckender Impfung gegen Pocken.

5. In aller Regel sind Kinder und Jugendliche in Deutschland heute gegen die klassischen Kinderkrankheiten sowie gegen Tetanus geimpft. Dies entspricht den Empfehlungen der deutschen Impfkommission und der meisten Kinderärzte. Allerdings ist zu beobachten, dass seit einigen Jahren eine gewisse „Impfmüdigkeit“ bzw. übergroße Ängstlichkeit der Erwachsenen gegenüber Impfungen festzustellen ist.

   Hinweis: Impfungen gegen Hepatitis, FSME u. a. m. sind eher die Ausnahme, jedoch kann dies regional sehr unterschiedlich sein. Im persönlichen Impfpass sind die einzelnen Impfungen mit Datum und Unterschrift des Arztes festgehalten. Es gibt jedoch auch Eltern, die sich nicht an die Impfempfehlungen der Ärzte halten.

Station 18: Passive Immunisierung („Heilimpfung“) — *Lösungen*

1. Emil von Behring entdeckte vor über 100 Jahren, dass an Diphtherie erkrankte Kinder geheilt werden können, wenn man ihnen Blutserum mit Antikörpern gegen die Diphtherie-Toxine überträgt.

2.

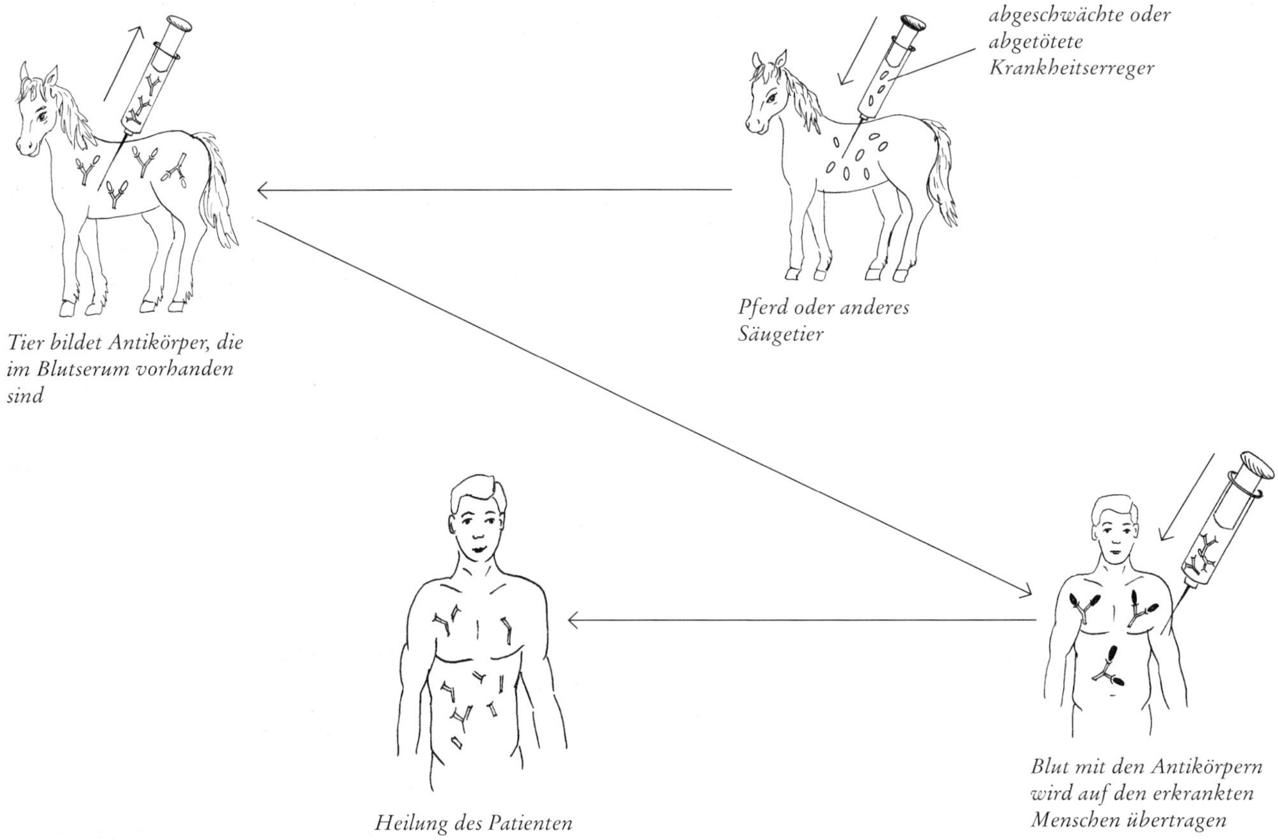

3.

	aktive Immunisierung	**passive** Immunsierung
synonyme Bezeichnung	Schutzimpfung	Heilimpfung
Antikörper werden von ... gebildet.	Erkranktem	geimpftem Tier
Vorteile	langer Schutz	schnelle Wirkung
Nachteile	Schutz wird nur langsam aufgebaut	wirkt nur kurze Zeit, kein Langzeitschutz
berühmter Forscher	Edward Jenner	Emil von Behring

Station 19: Allergien – falscher Alarm des Immunsystems — *Lösungen*

1. a) Eine Allergie ist eine Überempfindlichkeit des Immunsystems gegen harmlose, normalerweise nicht krankmachende Stoffe.

   b) Ein Allergen ist ein Stoff, der eine Allergie auslösen kann. Beispiele für Allergene: Inhaltsstoffe in Lebensmitteln, Tierhaare, Metalle (z. B. Nickel), Pollen (von Gräsern, Sträuchern und Bäumen), Hausstaubmilbenkot.

   c) Antigen meiden, Antihistamine (die die Wirkung der Histamine abschwächen bzw. verhindern), Hyposensibilisierung

2. a) Eine Pollenallergie ist eine Allergie gegen bestimmte Pollenarten von Pflanzen.

   b) Symptome sind: Kopfschmerzen, Niesreiz, Schnupfen, Müdigkeit, entzündete Augen (Bindehautentzündung), manchmal asthmaähnliche Atembeschwerden und Erstickungsgefahr

   c) Pollenallergiker reagieren auf die Pollen von unterschiedlichen Pflanzen allergisch. Da die Pflanzen zu verschiedenen Zeiten blühen, leiden die Pollenallergiker zu unterschiedlichen Zeiten im Jahr.

Station 20: Kreuzworträtsel Viren und Abwehrsystem *Lösungen*

Waagrecht: 2 INFLUENZA; 5 IMPFUNG; 8 WINDPOCKEN; 10 HERPES; 11 DIPHTHERIE; 15 GRIPPE; 19 ALLERGIE; 20 IMMUNSYSTEM; 21 EITER; 22 WIRTSZELLEN; 23 KILLERZELLEN

Senkrecht: 1 VIREN; 3 FSME; 4 AIDS; 6 GEDÄCHTNISZELLEN; 7 RIESENFRESSZELLEN; 9 JENNER; 12 FIEBER; 13 HEPATITIS; 14 HEILIMPFUNG; 16 POLIO; 17 ERREGER; 18 MUMPS

Station 21: Schüttelworträtsel *Lösungen*

ANTIKOERPER; BAKTERIUM; ANTIBIOTIKA; POCKEN; CHOLERA; KILLERZELLE; RIESENFRESSZELLE; MAKROPHAGE; PLASMAZELLE; INFLUENZA; PEST; TYPHUS; TETANUS; IMMUNISIERUNG; HEILIMPFUNG; SCHUTZIMPFUNG; INFEKTION; FIEBER; POLIO

Station 22: Wortsuchrätsel *Lösungen*

Die 22 gefundenen Lösungswörter lauten:

ALLERGIE; AIDS; ANTIGEN; ANTIKOERPER; BAKTERIEN; CHOLERA; EITER; FIEBER; GEDAECHNTISZELLEN; HEILIMPFUNG; INFEKTION; INKUBATIONSZEIT; IMMUNSYSTEM; KOKKEN; KILLERZELLEN; MAKROPHAGE; PLASMAZELLEN; SCHUTZIMPFUNG; TETANUS; T-HELFERZELLEN; VIBRIONEN; VIREN

A	S	E	L	O	R	E	P	R	E	O	K	I	T	N	A	K	G	R	S
G	T	-	H	E	L	F	E	R	Z	E	L	L	E	N	A	C	E	B	C
L	T	I	O	P	C	V	X	Q	W	Z	I	F	V	E	S	Y	D	P	H
I	M	M	U	N	S	Y	S	T	E	M	N	M	W	K	E	Z	A	M	U
N	A	S	D	T	Z	W	A	W	E	R	Q	V	C	K	X	Y	E	F	T
K	G	H	J	K	L	L	I	N	F	E	K	T	I	O	N	Y	C	V	Z
U	G	J	K	A	G	D	A	S	T	D	V	C	X	K	C	Y	H	C	I
B	Y	V	I	B	R	I	O	N	E	N	Y	D	C	B	C	B	T	N	M
A	Y	D	L	A	D	S	A	N	T	I	G	E	N	A	G	F	N	D	P
T	S	A	L	E	R	T	T	W	A	W	W	E	O	K	P	U	I	U	F
I	T	U	E	J	R	Z	T	Z	N	Z	R	E	I	T	E	R	S	E	U
O	R	Z	R	H	G	H	F	S	U	E	F	G	S	E	D	D	Z	L	N
N	E	F	Z	F	S	F	S	A	S	S	D	A	C	R	D	A	E	C	G
S	I	H	E	F	V	I	R	E	N	D	S	H	S	I	A	C	L	M	B
Z	G	B	L	N	V	E	C	M	M	N	B	P	D	E	U	R	L	T	E
E	R	Z	L	Z	J	B	L	J	H	J	F	O	I	N	A	S	E	R	P
I	E	Q	E	W	R	E	C	H	O	L	E	R	A	T	Z	Z	N	J	L
T	L	S	N	A	D	R	R	E	E	R	T	K	Z	U	I	O	V	B	N
E	L	R	N	E	L	L	E	Z	A	M	S	A	L	P	T	R	E	D	T
S	A	F	H	H	S	I	H	E	I	L	I	M	P	F	U	N	G	W	I